2011-2012 Nian

Sichuan Xiaofeizhe Xinxin Zhishu Baogao

西财消费者民生指数研发中心　著

2011-2012年

四川消费者信心指数报告

西南财经大学出版社

图书在版编目(CIP)数据

2011—2012 年四川消费者信心指数报告/西财消费者民生指数研发中心
著. —成都:西南财经大学出版社,2013.8
ISBN 978 - 7 - 5504 - 1159 - 3

Ⅰ.①2… Ⅱ.①西… Ⅲ.①消费心理—研究—四川省—2011—2012
Ⅳ.①F723.5②F727.71

中国版本图书馆 CIP 数据核字(2013)第 182379 号

2011—2012 年四川消费者信心指数报告
西财消费者民生指数研发中心　著

责任编辑:冯　梅
助理编辑:林　伶
封面设计:墨创文化
责任印制:封俊川

出版发行	西南财经大学出版社(四川省成都市光华村街55号)
网　　址	http://www.bookcj.com
电子邮件	bookcj@foxmail.com
邮政编码	610074
电　　话	028 - 87353785　87352368
照　　排	四川胜翔数码印务设计有限公司
印　　刷	郫县犀浦印刷厂
成品尺寸	170mm×240mm
印　　张	9.25
字　　数	95 千字
版　　次	2013 年 8 月第 1 版
印　　次	2013 年 8 月第 1 次印刷
书　　号	ISBN 978 - 7 - 5504 - 1159 - 3
定　　价	20.00 元

前 言

消费者信心指数（Consumer Confidence Index，CCI）是反映消费者关于经济发展的信心强弱的指标，通常以消费者对当前经济状况的现状指数和对未来经济前景的预期指数合并构成。该指数通常选取消费者对经济形势、就业、收入、耐用品购买等四个方面的主观感受，从消费者评判和预期两个角度，综合量化相关指标，用以监测宏观经济周期变化及消费者的感受和评价，直接反映经济运行与预期走势、经济发展与民生、消费的关联等重要信息，对经济社会持续稳步发展起着重要的监测与预警作用。

四川省居民消费研究会、西南财经大学统计学院联合组建了"西财四川消费者信心指数（SCCI）研发中心"，根据消费者信心指数编制理论及方法，参照国家统计局及国内外消费者信心指数编制方法，立足四川经济社会发展实际，设计了四川消费者信心指数（SCCI）编制方案，自 2011 年一季度起在全省范围按季度进行四川消费者信心指数的调查、编制与发布工作，迄今已编制并逐季发布了 2011—2012 年 8 个季度的四川消费者信心指数及简要分析说明。

编制与发布四川消费者信心指数的宗旨是：坚持以中国特色社会主义理论与实践为指导，以科学的调查统计法，用经济指数形式，及时准确把握四川城乡消费者对经济发展、民生改善及消费支出的现状评价，以及对经济发展、居民福利增进和消费需求的预期，直接服务于省委省政府了解社情民意，调控经济社会发展决策；服务于社会各界和广大消费者研判形势，激励消费与科学投资。

四川省居民消费经济研究会是省级相关部门和一批专家学者合力研究国家和四川居民消费的省级学术团体，着力于研究国家和地区消费需求调控政策及消费者行为，在我国消费经济学界有重要影响。西南财经大学统计学院办学历史悠久，师资雄厚，拥有统计学国家级重点学科，有一批从事经济指数编制和统计调研的高水平专家团队，研究成果卓著。

2011年四川消费者信心指数的编制得到了中国工商银行四川省分行的支持与资助，体现了四川省分行长期致力于四川经济社会发展、热忱支持居民消费需求增长和民生改善的精神。

现将2011—2012年逐季发布的共8份指数报告予以汇编，以备查找、比较与收藏。为了更全面地反映国家保障和改善民生的实施成效，根据两年指数调研实践，从2013年一季度起将拓展与整合相关编制指标，更全面准确地把握四川城乡居民消费与民生状况，为促进四川经济社会发展作出新贡献。

本报告由王裕国教授、史代敏教授主著，参与讨论和修改的人员有：任栋、陈健生、王菁华、夏怡凡、张恩碧、朱雨可、毛中根、赵吉林、张羽、董春、王润桦。

目　录

2011 年一季度
四川消费者信心指数报告

一、四川消费者信心指数的构成及编制

（一）消费者信心指数的概念

消费者信心指数（Consumer Confidence Index，CCI）是反映消费者对经济发展信心强弱的指标，国内外通常采用消费者对当前经济状况的现状指数和对未来经济前景的预期指数构成。该指数选取并综合量化消费者对经济形势、就业、收入、耐用品购买等四个方面的主观感受，从消费者的评判和预期角度，监测宏观经济周期变化及消费者生活态势，直接反映经济运行与走势，反映经济发展与民生的关联等重要信息，对保障经济和社会持续稳步发展起着重要的监测与预警作用。

（二）国内外消费者信心指数编制情况

国家统计局自 1997 年 12 月起编制我国消费者信心指数

（CCI），每季度发布一次《中国消费者信心监测报告》，为各级政府、工商界和国内外投资者综合研判中国经济运行状况提供决策信息参照。国家统计局编制的消费者信心指数，主要通过对国内 20 个主要城市居民进行随机抽样调查，根据问卷结果编制而成。调查内容涉及四个主要方面：受访者对经济形势、就业、收入、购买商品时机等的评价及其预期判断。经过几年实践，国家统计局编制的消费者信心指数已经成为中国经济景气指数体系的有机组成部分，受到国内外广泛关注。北京市于 2003 年在省市一级率先发布了第一季度消费者信心指数。此后，上海、福建、浙江、江西、广东等省市也相继发布了本地区消费者信心指数，多数省、市、自治区尚未正式发布地方消费者信心指数。

需要指出，国内外由高等院校编制消费者信心指数的历史由来已久。例如，美国密歇根大学编制美国消费者信心指数，上海财经大学编制上海市消费者信心指数，香港城市大学编制香港消费者满意度指数，台湾中央大学编制台湾消费者信心指数，首都经济贸易大学、中国人民大学、中央财经大学、香港城市大学、澳门科技大学和台湾辅仁大学共同编制两岸四地消费者信心指数，这些指数的编制均持续至今。四川消费者信心指数充分借鉴各家之长，立足四川特点，精心组织调研，并在有关方面做出了新尝试，加入了我国民间力量编制景气预警指数之列。

（三）四川消费者信心指数简介

1. 指数构成

四川消费者信心指数由一个总指数和两个分项指数构成。两个分项指数分别是现状（评价）指数和预期（走势）指数。其中，现状指数包括经济形势评价指数、就业评价指数、收入评价指数、耐用品购买评价指数；预期指数包括经济形势评价指数、就业评价指数、收入评价指数和耐用品购买评价指数（见表1）。

表1 四川消费者信心指数构成

总指数	分项指数	
	现状指数	预期指数
	经济形势评价	经济形势预期
	就业评价	就业预期
	收入评价	收入预期
	耐用品购买评价	耐用品购买预期

2. 指数取值范围及涵义

采用国内外消费者信心指数编制惯例，四川消费者信心指数的取值为 0～200 之间，100 为中值。当指数反映现状评价时，0 表示消费者非常不满意，100 表示满意程度一般，200 表示非常满意；当指数反映预期时，0 表示预期境况变得很糟，100 表示预期境况无变化，200 表示预期境况变得非常好（以下各季度同）。

3. 数据采集

四川消费者信心指数调查采用雅典娜电话调查系统（Athena

CATI），对全省年龄在 16～69 岁之间的常住居民（外籍人士除外）进行随机抽样。抽样范围覆盖全省 21 个市、州，抽样方法按行政区划分为 21 层，根据各市、州人口数，按比例分配各市、州样本数（见表 2）；再从各市、州登记的电话簿中随机抽取样本进行调查。2011 年一季度计划抽取调查样本数 4000 份，实际完成有效样本 4001 份。

表 2　　　　　　　　　各层（市、州）样本数

市（州）	样本数	市（州）	样本数	市（州）	样本数
成都市	622	遂宁市	163	达州市	271
绵阳市	239	内江市	186	雅安市	74
自贡市	157	乐山市	168	巴中市	149
攀枝花市	95	南充市	312	资阳市	202
泸州市	195	眉山市	145	阿坝州	42
德阳市	175	宜宾市	207	甘孜州	72
广元市	131	广安市	186	凉山州	210

二、2011 年一季度四川消费者信心指数简要分析

（一）总指数

2011 年一季度四川消费者信心总指数为 107.1，其中：现状指数为 104.1、预期指数为 110.1，均高于中位数 100（见表 3）。与国家统计局公布的 2011 年一季度中国消费者信心指数相比，四川消费者信心总指数与全国水平接近，表明四川消费者对当前

经济发展基本满意，对未来经济发展和民生改善具有信心。

表3　　　　　　　四川消费者信心指数

总 指 数	107.1
现状指数	104.1
预期指数	110.1

（二）分项指数

有关四川省消费者信心指数的分项指数情况见表4：

表4　　　　四川消费者信心指数各分项指数情况

	现状指数	预期指数
经济形势	110.6	128.7
就　　业	110.5	111.0
收　　入	85.9	110.9
耐用品购买	109.2	89.9
平均值	104.1	110.1

1. 经济形势

2011年一季度经济形势评价指数（110.6）及其预期指数（128.7）均位列各分项指数首位，特别是预期经济形势信心增强。省统计局数据显示，一季度全省规模以上工业增加值同比增长22.0%，比全国增速高7.6个百分点，居全国第3位，步入持续上升轨道。本次调查，当问及消费者"如何看待未来半年四川经济形势"时，有44.2%的被访者认为会"变得更好"，有

24.0%的被访者认为会"变得非常好",致使预期指数高于现状指数,显示民众对经济形势预期与我省一季度较快增长的经济态势吻合度高。

2. 就业

2011年一季度四川消费者对于就业机会评价指数（110.6）及其预期指数（111.0）均高于中值数,表明城乡居民对当前就业机会基本满意,且预期未来半年就业机会还会增加。尽管各市、州就业机会有明显差异,但从总体看,四川围绕建设西部经济高地采取的各项措施,拓展了省内就业空间,同时灾后重建和承接沿海发达地区产业转移新增了大量就业机会,使四川民众对未来就业机会预期持较为乐观的态度。

3. 收入

2011年一季度四川消费者对自身收入评价指数（85.9）显著低于中位数（100）,总体处于不甚满意的区间（见图1）。仅有6.4%的被访者对现有收入水平表示"很满意",24.8%的被访者表示"比较满意",而"不满意"和"很不满意"的被访者达36.1%,直接影响了收入评价指数水平。究其原因,四川相对于发达地区来说,经济实力较弱,工商企业和农民劳动生产率较低,同时人口众多,劳动力供给充裕,加之提升步伐较慢,致使城镇居民可支配收入和农民人均纯收入一直低于全国平均水平,特别近期物价上涨带来实际收入下降,导致消费者对收入现状满意度进一步降低。可见,居民收入水平偏低是当前制约我省居民消费需求持续增长、生活水平持续提高的重要因素。

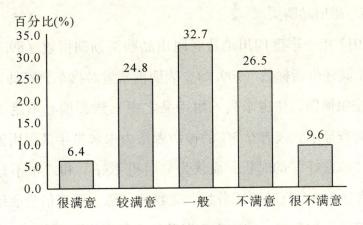

百分比(%)

图 1 收入现状评价

值得注意的是,尽管 2011 年一季度收入评价指数偏低,但收入预期指数(110.9)却高于收入现状指数(85.9)25 个百分点,处于偏向乐观区间。比较收入预期和收入现状的调查项目可见,收入预期信心大幅度提升的主要原因在于有 44.3% 的被访者认为"未来半年收入会增加"(见图 2),充分表明四川民众对政府保障和改善民生、改革收入分配制度、提高居民收入的政策措施寄予厚望。

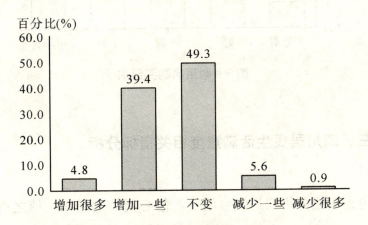

百分比(%)

图 2 收入预期

4. 耐用品购买

2011 年一季度四川消费者耐用品购买预期指数（89.9）显著低于其评价指标数（109.2），表明消费者对汽车、家具、家电等（按照惯例，住房未列入耐用品之中）购买信心不足（见图3）。调查显示，仅有 6.3% 的被访者认为未来半年是耐用消费品购买"非常好"的时机，而认为"时机不好"和"很不好"的被访者达 1/3。究其原因分析，受物价上涨、消费信贷收缩、使用耐用品（如驾车）成本上涨以及住房还贷等因素影响，消费者购买耐用消费品意愿呈现下降趋势。加之各类鼓励汽车消费、家电消费的激励政策将可能调整，进一步影响了消费者购买预期。

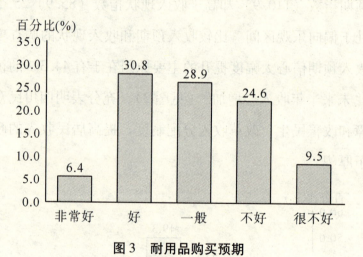

图 3　耐用品购买预期

三、四川居民生活满意度相关指标分析

为了全面分析四川城乡消费者信心指数的结果，使之更确切地反映我省城乡居民对经济社会发展的评价与预期，我们在四川

消费者信心指数编制过程中，尝试构建了四川居民生活满意度的部分指标，与消费者信心指数指标一并进行同步调研。显然，反映居民生活满意度的指标具有相当程度的复杂性，据悉，国内学界和实际部门尚无相关实践。我们力求紧扣当前居民高度关注的热点，量化反映当前影响居民生活条件及满意度的部分经济类指标。同时参照消费者信心指数取值为 0～200，100 为中值的编制原则，经调研并获得数据的 6 个相关指标依次是：生活幸福感、生活条件满意度、物价满意度、利率变动预期、金融投资预期和住房购买预期（见表 5）。我们相信，公布这些指标数对于全面把握四川社情民意，无疑具有重要的启示与参考价值。

表 5　　　　　　四川居民生活满意度相关指标及释义

指 标 名 称	指 标 释 义
1. 生活幸福感	1. 民众对生活幸福程度的主观感受
2. 生活条件满意度	2. 民众对个人生活状况的总体性认知评估
3. 物价满意度	3. 消费者对现行物价水平的满意程度
4. 利率变动预期	4. 消费者对利率变动的预测
5. 金融投资预期	5. 消费者参与资本市场投资的意愿
6. 住房购买预期	6. 消费者购买住房意愿

　　总体来看，2011 年一季度四川消费者的生活幸福感（134.6）和生活条件满意度（122.7）指标数较高，与四川经济形势现状指数（104.1）表现具有一致性。但与此同时，受近期物价上涨、利率持续上调、房地产市场宏观调控等因素影响，四川消费者对物价水平满意程度较低，通胀预期较强，导致购房、

金融投资信心受到明显抑制（见图4）。

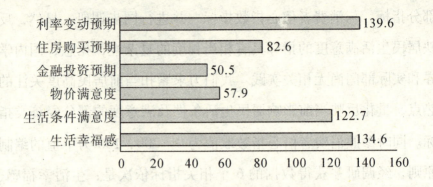

图4 四川居民生活满意度各指标情况

第一，金融投资预期（50.5）偏向悲观，其指数值在生活满意度各个分项得分最低。探其原因，主要受国内证券市场景气度偏低和国际金价、油价持续上涨的负面影响，居民对金融市场的态度比较消极，四川大部分居民尚无投资金融产品的意愿，资本市场投资信心明显不足。当然，不排除有调查样本的局限性因素，也使该项指标数偏低。

第二，对物价满意度较低（57.9）。在被问及"如何看待未来半年物价走势"时，有72.8%的被访者认为物价尤其以农副产品为主的基本生活消费品价格"会上升"，证实了四川民众强烈的通胀预期及忧虑。

与此相联系的是消费者对利率变动预期（139.6）甚为强烈。有67.3%的被访者认为未来半年利率会上调，致使利率预期指数偏高，表现出消费者期盼进一步提高利率、抑制通胀，尽量消除"负利率"储蓄的急切心态。

物价和利率两项预期指标数反映了当前国家经济运行的实际

态势。受全球流动性充裕、国际原材料价格上涨及前两年货币快速增长等因素影响，通胀压力并未实质性缓解，加大了消费者对收入实际购买力减弱的担忧，对居民消费预期产生了较大负面影响，特别是低收入家庭对未来消费信心更显不足。

第三，购房指标数（82.6）较低。显示大部分四川居民在半年内购置商品房的意愿不强烈，比国家统计局一季度公布的中国购房者信心总体指数（104.5）相差21.9点。当问及"未来半年购房的时机"时，仅有25.9%的被访者认为"时机较好"，近半数（49.2%）认为"时机不好"，表明近期利率持续上调、商品房价格下降幅度不尽如人意。加之受到国家和地方限购和紧缩住房信贷政策影响，消费者观望情绪强，相当程度上抑制了即期购房需求。

四、政策建议

总体来看，2011年一季度四川居民消费者信心整体基本乐观，但是对现有收入水平满意度不高，担忧通胀情绪较强，对购买耐用品、住房及资本市场投资等信心不够足。为此，需要切实贯彻国家和地方"十二五"发展规划纲要，加快转变经济发展方式，在保持经济持续稳定发展基础上，加大保障和改善民生力度，持续增强四川居民消费者信心，建立扩大消费需求的长效机制，真正使消费需求增长成为拉动四川经济发展的重要动力源，这是"十二五"时期四川经济社会发展需要解决的重要问题。

具体需从以下几个方面着力：

首先，要高度重视提高居民收入水平，消除制约消费需求增长的体制机制障碍。要加快推进收入分配制度改革、特别提高低收入者收入水平，不负广大消费者的预期；要加快覆盖城乡居民社会保障制度建设，实现基本公共服务均等化，进一步改善我省城乡消费环境和消费条件，提升城乡居民消费信心，释放消费潜力，提高消费能力。其次，要抓紧研究转变经济发展方式、保障和改善民生与提高居民消费能力之间的作用机制，加快转变宏观调整经济社会发展的方式，并采取切实措施落到实处。再次，要坚持将就业作为保障民生的根本之策，千方百计扩大就业，建立市场主导就业、政府促进就业、个人自谋职业相结合的长效机制，进一步拓展我省居民就业空间，特别是关注解决低收入群体的就业困难。最后，要审慎调整激励消费增长的政策，包括家电下乡，耐用品以旧换新、补贴等各项措施，实行有区别的消费信贷政策，促进消费市场持续发展。

预计随着国家和地方出台贯彻落实"十二五"规划纲要的各项政策措施，尤其将抑制通胀、稳定物价总水平作为当前宏观调控的首要任务，实施系列管理通胀的措施到位，预期价格水平将趋向平稳或下降，消费者信心指数将会进一步提升。

2011 年二季度
四川消费者信心指数报告

一、数据采集

2011 年二季度四川消费者信心指数调查与一季度相同，仍采用雅典娜电话调查系统（Athena CATI），对全省 16～69 岁之间的常住居民（外籍人士除外）进行随机抽样调查。抽样范围覆盖全省 21 个市州，抽样方法按行政区划分为 21 层，计划抽取样本数 2000 份，实际完成有效样本 2000 份。具体实施方法是：根据各市、州人口按比例分配各市、州样本数（见表 1），再从各市、州登记的电话簿中随机抽取样本进行调查。

表1　　　　　　　　各层（市、州）调查样本数

市（州）	样本数	市（州）	样本数	市（州）	样本数
成都市	344	遂宁市	78	达州市	142
绵阳市	68	内江市	91	雅安市	33
自贡市	68	乐山市	74	巴中市	85
攀枝花市	24	南充市	147	资阳市	107
泸州市	109	眉山市	76	阿坝州	37
德阳市	136	宜宾市	107	甘孜州	23
广元市	63	广安市	101	凉山州	87

二、2011年二季度四川消费者信心指数分析

（一）总指数

2011年二季度四川消费者信心总指数为103.2，现状指数为99.1，预期指数为107.4。2011年二季度四川消费者信心指数总指数与国家统计局公布的二季度中国消费者信心指数的总指数（102.4）基本一致，但与本省一季度该指数相比，总指数、现状指数和预期指数分别回落了3.9点、5.0点和2.7点，表明二季度四川消费者信心略有下降。

表2　　　　2011年一至二季度四川消费者信心指数值

2011年	一季度	二季度
总指数	107.1	103.2
现状评价指数	104.1	99.1
预期指数	110.1	107.4

（二）分项指数

2011年一、二季度四川消费者信心指数的各分项指数值的变化具有差异性（见表3）。

表3　2011年一至二季度四川消费者信心指数各分项指数值

	现状指数		预期指数	
	一季度	二季度	一季度	二季度
经济形势	110.6	104.9	128.7	119.6
就　　业	110.5	106.1	111.0	102.1
收　　入	85.9	97.2	110.9	113.5
耐用品购买	109.2	88.2	89.9	94.4
平均值	104.1	99.1	110.1	107.4

现就各分项指数值的变化情况分析如下：

1. 经济形势

2011年二季度经济形势现状指数为104.9，经济形势预期指数为119.6，较一季度分别回落5.7点和9.1点，均高于中值100，表明消费者对经济发展的信心较强。但是，受当前经济运行中的通货膨胀、信贷紧缩、经济增幅下滑及自然灾害等因素影响，本季度有7.9%的消费者对四川经济形势评价由乐观转向悲观，有24.8%的消费者对未来半年经济形势预期从偏向"乐观"转向"一般"，致使经济形势预期指数降幅高出评价指数降幅。需要指出，尽管经济形势预期在各项预期指数中降幅最大，但该项指数值仍高于其他预期指数值。

2. 就业

2011 年二季度就业现状指数为 106.1、预期指数为 102.1，较一季度分别回落 4.4 点和 8.9 点。就业现状指数和预期指数同时下降，反映了消费者判断随着经济增幅下降，就业状况已经并将进一步趋紧。值得注意的是，不同收入群体之间对就业形势持有不同的评价和预期（见图 1）。

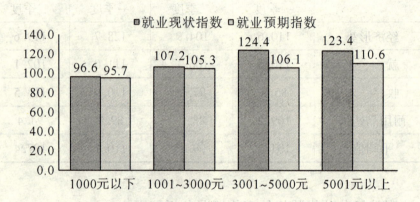

图 1   2011 年二季度各月收入组消费者就业现状与预期指数值

从不同收入群体看，月收入在 3000 元以下的中低收入群体占比为 83.4%，对就业现状和预期的信心不如 3000 元以上的群体；而月收入低于 1000 元的低收入群体占比为 37.2%，对就业判断尤其趋向悲观，其就业现状指数（96.6）和预期指数值（95.7）与月收入 5000 元以上群体的指数值之间的差距分别达 26.8 点、24.9 点。由于中低收入及低收入组消费者人数占比大，其就业现状指数和预期指数较低，均影响其平均就业指数的下滑。因此，千方百计为中低收入群体创造更多的就业机会，对改善中低收入群体预期，进而扩大四川居民消费需求意义重大。

同时，城乡消费者对就业的判断呈现差异。二季度城镇居民就业现状指数（110.6）高于农村居民（102.0），但城镇居民就业预期指数（101.4）却略低于农村居民（102.8）。因此，要注重妥善安排农村劳动力向城镇的转移，继续实施各项惠农政策，提升农村居民工资性收入，这对于农村居民增强就业和收入信心具有重要意义。

3. 收入

2011 年二季度收入现状指数为 97.2，收入预期指数为 113.5，较一季度分别上升 11.3 点和 2.6 点。统计数据显示，2011 年上半年四川城乡居民收入增长加快，城镇居民人均可支配收入 9388 元，增长 14.9%，农民人均现金收入 3510 元，增长 20.1%。由于上半年四川城乡居民收入增幅高于前一年同期，因此，消费者对收入的评价指数和预期指数也出现趋向乐观的态势。与一季度该指数相同的是，四川居民收入现状指数依然低于中位值 100，但收入预期指数高出中位值 13.5 点，仍然呈现好于现状指数的态势。这表明四川民众对未来收入增长信心较强，对政府进一步保障和改善民生，改革收入分配制度，提高居民收入的政策措施寄予厚望。

4. 耐用品购买

2011 年二季度耐用品购买现状指数为 88.2，较一季度显著下降 21 点，为本季度消费者信心指数四项核心指标中分值最低项，表明消费者对当前购置耐用消费品信心最弱。反映了当前持续通胀压力已经严重制约消费者购买意愿，导致消费者取消或延后购置耐用消费品。

但是，二季度耐用品购买预期指数为 94.4，较一季度回升 4.5 点，且好于同期现状指数。进一步分类观察，当问及"当前购买耐用消费品的时机如何"时，有 40.7% 的消费者表示"不好"和"非常不好"，但问及"未来半年时机如何"时，回答"不好"和"非常不好"的消费者比例下降了 10 个百分点，而回答"好"的消费者比例则有所上升（见图 2 和图 3）。

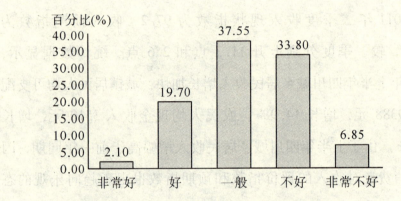

图 2 2011 年二季度消费者耐用品购买现状评价

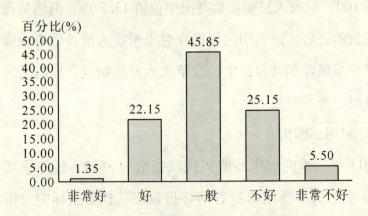

图 3 2011 年二季度消费者耐用品购买预期

可见，消费者期待未来半年能够抑制通胀，增加耐用品购买。对于部分耐用品消费购买的优惠政策应尽量保持一段期间的稳定性，有助于提振消费者信心，提升消费者购买耐用消费品意愿。

三、四川消费者信心指数辅助指标分析

为全面把握四川城乡消费者信心指数反映的结果，更确切地表现四川城乡居民对经济社会发展的评价与预期，尽力做到真实、科学、客观地反映当前四川居民生活条件及其满意度，本编制组以紧扣居民高度关注的热点问题为原则，在编制四川消费者信心指数过程中，选取了与消费者信心指数相关的重要问题，编制相关辅助指标，与上述四项核心指标一并进行调研。显然，其相关辅助指标的选取具有一定的复杂性，因而每季度只能选取并反映其中具有现实意义的少数项目。

2011年一季度选取的6个相关辅助指标依次是：生活条件满意度、生活幸福感、物价满意度、利率变动预期、金融投资预期和住房购置预期。2011年二季度选取的相关辅助指标为"金融投资预期指数"和"住房购置预期指数"。金融投资预期指数旨在反映消费者参与资本市场投资的意愿，住房购置预期指数旨在反映消费者购房意愿。这两项辅助指标的取值同样参照四川消费者信心指数，取值范围为0～200，100为中值。经调研并获得的二季度相关指标及分析结果（见表4）：

表4   2011年一至二季度四川消费者信心指数辅助指标值

	一季度	二季度
金融投资预期	50.5	40.9
住房购置预期	82.6	83.2

（一）金融投资预期

2011年二季度金融投资预期指数（40.9）继续走低，比一季度（50.5）下降了9.6点。探其原因，主要受国内证券市场景气度持续偏低、物价持续上涨使货币贬值等负面影响，居民对金融市场投资态度依然比较消极，高达81.4%的消费者认为投资资本市场的时机非常不好，仅有7.8%的被访者对资本市场投资充满信心（见图4）。当然，本次调查不排除调查样本的局限性因素，也使该项指标数偏低。

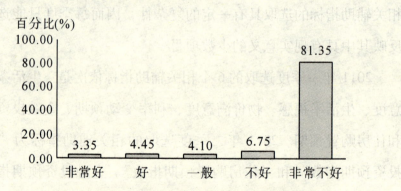

百分比(%)

图4   2011年二季度消费者金融投资预期

（二）住房购置预期

2011年二季度四川消费者住房购置预期指数为83.2，与一季度基本持平，显示消费者住房购买的观望态度依旧未改变。当问及"未来半年购房的时机如何"时，有43.5%的被访者认为时机"不好"和"非常不好"，有38.5%的被访者认为"一般"，表明消费者既对国家和地方政府调控房价有更多的期待，又因受到限购和紧缩住房信贷等政策的影响，在相当程度上继续抑制着即期购房需求（见图5）。

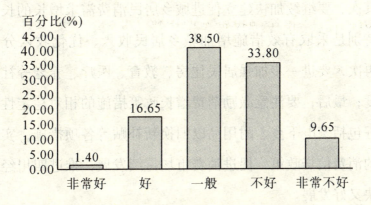

图5 2011年二季度消费者住房购买预期

四、结束语

2011年上半年以来，四川经济社会发展连续两个季度保持了平稳较快增长态势，城乡消费者信心总体较强。但在国内通货膨胀持续上升、货币政策偏向趋紧的宏观背景下，四川经济社会发展同样存在较多不确定因素。灾后重建项目基本完成、中小企业融资较难、汽车市场销量下滑、房地产价格没有明显降低等因素均对扩大四川居民消费需求形成了明显阻碍。尽管2011年二季度消费者对收入增长信心较为充足，对未来半年购买耐用消费品意愿有所增强，但对经济发展、就业机会改善、资本市场投资的信心均较一季度略有下降。

"十二五"开局之年已过半，为实现"十二五"时期四川经济社会发展目标，当前政策的着力点仍需从以下方面努力：首先，要加大抑制农副产品价格上涨力度，有效缓解通货膨胀压力；其次，要继续加快建立促进城乡居民消费需求增长的长效机制，特别是采取有效措施增加城乡居民收入、优化收入分配制度；再次，要进一步加强居民住房、教育、医疗、养老等社会保障力度；最后，要注意激励消费增长政策措施的相对稳定性，继续做好包括家电下乡、耐用品以旧换新补贴等各项措施，实行有区别的消费信贷政策，促进消费市场持续发展，推进四川经济社会又快又好发展。

2011 年三季度
四川消费者信心指数报告

一、数据采集

2011 年三季度四川消费者信心指数编制，利用西南财经大学师生暑期社会实践机会，充分借鉴一、二季度指数编制经验，由师生调查员面向全省各市（州）消费者面访调查。为发挥抽样问卷面访调查优势，本次对抽样方式及调查内容进行了相应调整和改革。调查方式及途径如下：

1. 抽样方式

为保证样本质量，三季度指数抽样方式采取较为科学的盖洛普抽样法。根据四川省居民人口总体比例及分布特征，在地区、城乡、性别、收入、年龄、文化程度 6 个方面设置了相应的抽样调查配额，尽力减小抽样误差，保证了样本结构与总体结构的一致性。

2. 调查方式

依据调查目的细致地制作了调查问卷，调查对象为全省年龄在 18 岁~69 岁的常住居民（外籍人士除外）；抽样范围覆盖全省 21 个市（州）；其中，除甘孜、阿坝以外的 19 个市（州）派调访员对消费者进行入户面访调查，甘孜、阿坝两州采用电话调查。

3. 样本量

按全省 21 个市（州）人口数，依比例分配各地样本数，计划获取样本数 2000，实际发放调查问卷 2200 份，回收有效样本 2135 份。回收样本与各市（州）配额基本一致。

二、2011 年三季度四川消费者信心指数

（一）总指数

2011 年三季度四川省消费者信心总指数为 100.3，其中：现状指数为 95.6，预期指数为 105.0。

2011 年三个季度消费者信心总指数对比情况，如表 1：

表 1   2011 年一至三季度四川消费者信心指数值

2011 年	一季度	二季度	三季度
总指数	107.1	103.2	100.3
现状指数	104.1	99.1	95.6
预期指数	110.1	107.4	105.0

（二）分项指数

2011 年度三季度四川消费者信心指数的各分项指数值及其变化情况如表 2：

表 2　　　2011 年三季度四川消费者信心指数各分项指数值

类别	现　状　指　数			预　期　指　数		
	一季度	二季度	三季度	一季度	二季度	三季度
经济形势	110.6	104.9	101.5	128.7	119.6	114.5
就　　业	110.5	106.1	103.2	111.0	102.1	97.0
收　　入	85.9	97.2	87.3	110.9	113.5	111.4
耐用品购买	109.2	88.2	90.2	89.9	94.4	96.9
平均值	104.1	99.1	95.6	110.1	107.4	105.0

（三）分类指数

为确切把握全省不同群体、不同层次、不同地区消费者的信心强弱及其差异，现将本次按城乡、年龄、性别、月收入、地区 5 个标识调查的消费者分类指数报告如表 3、表 4：

表 3　　　2011 年一至三季度四川消费者信心分类指数

分　类　标　准		一季度	二季度	三季度
区　域	城镇	107.9	105.2	100.9
	农村	106.6	101.6	99.2

分 类 标 准		一季度	二季度	三季度
收　入	1500 元以上	—	97.6	94.9
	1500～3000 元	—	104.2	103.2
	3000～5000 元	—	112.0	105.9
	5000 元以上	—	115.7	112.7
年　龄	18～29 岁	106.8	108.5	102.2
	30～39 岁	103.1	102.4	100.6
	40～49 岁	102.9	99.3	98.7
	50～59 岁	104.7	100.9	99.0
	60～69 岁	111.9	108.0	99.3
性　别	男	106.8	104.6	99.9
	女	104.2	102.1	100.6

注："—"代表数据缺失。

表4　2011 年三季度四川省各市（州）消费者信心指数

市（州）	指数	市（州）	指数	市（州）	指数
成都市	105.8	乐山市	102.5	南充市	99.3
雅安市	105.3	德阳市	102.1	泸州市	96.5
眉山市	105.1	甘孜州	101.9	凉山州	96.2
内江市	104.1	绵阳市	101.5	宜宾市	93.3
遂宁市	103.8	资阳市	101.0	广元市	93.2
广安市	103.5	攀枝花市	99.3	达州市	93.0
阿坝州	103.2	自贡市	98.5	巴中市	88.0

三、2011 年三季度四川消费者信心指数分析

依据 2011 年三季度消费者信心总指数及其分类指数、分项指数值的变化情况，做如下初步分析：

（一）总指数

2011 年三季度四川消费者信心总指数（100.3）仍处于中值水平，但比二季度（103.2）降低 3 个百分比。一至三季度全省消费者信心指数呈现连续下降态势，三季度环比下降幅度有所减缓。其中现状（评价）指数：二季度（99.1）已低于中值，三季度（95.5）比二季度低 3.6 点，但其环比下降幅度降低。预期（走势）指数：三季度（105.0）处于中值，但比二季度（107.4）下滑 2.4 点。同时，各季度消费者预期指数均高于现状评价满意度。

2011 年一至二季度我国国内生产总值增长 9.6%，同期四川省经济增长继续保持较高增长速度，二季度增长 14.8%。1～8月，全省规模以上工业增加值同比增长 22.2%，比全国平均水平高 8 个百分点；全省固定资产投资完成额同比增长 19.7%；社会消费品零售总额同比增长 17.8%，比全国增速快 0.9 个百分点。全省消费者对经济形势基本面给予了积极评价。

但是，在当前全国经济增速缓慢回落与物价较快上涨交织在一起的态势下，居民个人感受收入增幅不大、物价持续上涨、房

价僵持不下、部分中小企业受多重因素挤压经营困难、市场秩序仍不够健全、食品安全等民生领域反映突出的问题解决力度不大等问题，势必影响消费者对经济发展形势的评价。消费者信心指数连续两个季度小幅下滑，这与国家和我省经济运行和社会发展的宏观态势之间有一定的差距，值得高度重视。

需要注意的是：第一，三季度农村消费者信心总指数（99.2）低于中值，且继续低于城镇指数；同时，城镇消费者信心总指数（100.9）较之二季度下滑幅度增大，且接近于中值水平。这就明确提示，我省需要在保持宏观经济增长速度的同时，加快转变经济发展方式，切实解决城镇中小企业经营困难，加大各项民生工程的实施力度，在继续改善农村消费者信心的同时，注意解决城镇居民关注的民生问题，稳定并增强城镇居民对经济社会发展的信心。

第二，消费者收入水平与其信心指数成正比。三季度各月收入群体消费者信心指数均出现下滑态势，其中月收入3000~5000元的中等收入组下滑幅度最大，达6.1点。

第三，5个年龄段组消费者信心指数均出现小幅下降，虽然18~39岁组指数（102.2和100.6）高于中值，但三季度较二季度下滑幅度较大，其余3个组低于中值。值得重视的是40~49岁组的指数值二、三两个季度均为最低（99.3和98.7）；50~69岁的两个年龄组指数由二季度高于中值（100.9和108.0），三季度下降到中值以下（99.0和99.3）。这反映了基于当前通货膨胀和经济增长放缓，中年人收入及家庭开支压力趋于增加，同时需要重视老年人的收入、医疗、保健等实际问题。

第四，三季度男性消费者的信心指数（99.9）落后于女性（100.6），这与前两个季度男性消费者信心指数超前于女性，发生了逆转。这或许说明了男性在当前经济形势、就业、收入等变化中承受的压力超过女性。

（二）分项指数

1. 经济形势

经济形势指数在信心指数中具有综合和牵头的特征。三季度经济形势评价指数（101.5）和预期指数（114.5）均位列各分项指数前列，但仍较二季度分别下降3.4点和5.1点。2011年一至三季度以来，四川经济社会持续较快增长，消费品市场平稳发展，在经济社会运行良好的同时，宏观经济高速增长处于回调阶段。猪肉等食品价格涨价因素短期难以解决，原材料、工资等成本推动型涨价因素没有明显减弱，加之国际市场的不确定性，居民对通胀的担忧无法在短期内消除。尽管经济形势预期指数继续超过评价指数，但三季度预期指数下降幅度却超过现状评价指数。经济形势指数持续下降，反映了经济形势与民生问题、宏观经济运行与居民切身感受的一致性与差异性，值得引起重视。

2. 就业

三季度就业现状指数为103.2、预期指数为97.0，较二季度分别回落2.9点和5.1点。在国外需求萎缩和国内高通胀的宏观环境下，企业利润空间不断压缩，持续从紧的货币政策进一步加大了企业生存难度，部分中小企业经营困难，企业吸纳劳动力就业的能力相应有所减弱，加上劳动力就业市场的结构性矛盾依旧突出，致使就业现状指数和预期指数持续下降。

3. 收入

2011年一至三季度四川居民收入评价指数和预期指数均明显低于经济形势和就业两项。其中，二季度评价指数（97.2）较之一季度（85.9）上升，而三季度又下降到87.3，比二季度下滑近10点。据调查反映，城乡消费者对当前自身收入增幅满意度较低，尤其对社会收入差距扩大意见甚大，直接影响对收入指数的评价。

4. 耐用品购买

三季度耐用品购买现状指数（90.2）较二季度回升2点，预期指数（96.9）环比上升2.5点，为本季度消费者信心指数4项核心指标中唯一上升的指标。耐用品购买现状指数和预期指数仍低于中值，但数值上升显示全省市场促销耐用品力度加大，消费者购买意愿有所增强，同时在通货膨胀持续的态势下，消费者购物（耐用品、黄金等）保值心态有所加强。

四、四川消费者信心指数辅助指标分析

为了真实、科学、客观反映当前四川居民对经济发展和生活福利的满意度，确切表现四川城乡居民对经济社会发展的评价与预期，全面把握四川城乡消费者信心指数的内涵，本编制组以紧

扣居民高度关注的热点问题为原则，在编制四川消费者信心指数工作中，每季度选取与消费者信心指数相关的物价、住房、金融投资等重要问题，编制相关辅助指标，与上述四项核心指标一并进行调研。三季度经调研并获得数据的 5 个相关指标依次是：金融投资预期、购房预期、住房购买满意度、物价预期和物价满意度。该类指标与消费者信心指数核心指标相同，取值为 0～200，100 为中值。其相应指数反映如图 1：

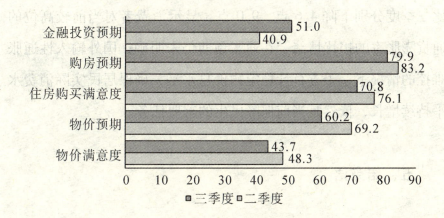

图 1　四川消费者信心指数辅助指数

总体来看，三季度四川消费者信心指数辅助指数仍不容乐观。除金融投资预期指数在本季度出现回升外，其余辅助指标持续下降。与二季度相比，各项指标的变化表现出以下特征：

第一，三季度金融投资预期指数（51.0）比二季度上升10.1 点，虽然消费者对资本市场投资信心总体不足，但在通胀压力之下，投资资本市场意愿有所增强；同时，预期 CPI 拐点将显现，有的消费者预计宏观紧缩政策会松动，也抬升了资本投资信心。

第二，住房购买满意度指数（70.8）和预期指数（79.9）比二季度分别下降 5.3 点、3.3 点。在一系列遏制房价过快上涨的宏观调控政策影响下，房地产市场成交量回落，成交价格总体进入僵持状态。四川多数市、县城市房价仍有小幅上涨，致使大多数消费者观望情绪强，62.5% 的受访者认为未来半年不是最佳购房时机。

第三，物价满意度指数（43.7）和物价预期指数（60.2）比二季度分别下降 4.6 点、9.0 点，显示消费者对当前较高位的通货膨胀率的担忧情绪。在通胀预期仍未明确，国外输入性通胀难控的情况下，千方百计稳定物价总水平，确保居民实际消费水平持续增长，依然是当前保障民生的首要任务。

五、结束语

如上所述，三季度四川居民消费者信心指数较二季度有所回落，反映了当前在经济发展方式转变过程中的特殊情况和特殊矛盾。可以预料，在国家和四川推进经济增长由政策刺激向自主增长有序转变，经济与社会发展趋于协调的总态势作用下，伴随国家和地方实施继续抑制物价上涨，促进中小企业改善经营，着力社会保障等民生工程等政策效应逐步显现，就业态势会有所改善，居民收入会进一步增加，四川居民消费信心有望进一步增强。

当前宏观调控应更强调针对性、灵活性和前瞻性，政策着力点需从以下几个方面努力：第一，继续将稳定物价、保障民生作为当前工作的重点；第二，积极帮助和引导中小企业妥善解决当前融资困难的问题，加强对中小企业产业结构的调整和引导，发挥中小企业容纳劳动力就业的重要作用；第三，着力营建扩大消费需求增长的长效机制，优化收入分配制度，净化消费市场环境，规范市场秩序，不断加强居民保障性住房、教育、医疗、养老等社会保障力度。

2011 年四季度
四川消费者信心指数报告

一、数据采集

2011 年四季度四川消费者信心指数调查与一、二季度相同，仍采用雅典娜电话调查系统（Athena CATI），对全省 18～69 岁之间的常住居民（外籍人士除外）进行随机抽样调查。抽样范围覆盖全省 21 个市（州），抽样方法按行政区划分为 21 层，根据各市、州人口数按比例分配各层样本数。四季度调查计划抽取样本数 2000 份，实际完成有效样本 2000 份，各市（州）样本数与其占全省人口比重基本一致。

二、2011 年四季度四川省消费者信心指数

（一）总指数

2011 年四季度四川消费者信心指数总指数为 105.3，其中：

现状指数为100.6，预期指数为110.0，均高于中值100，比三季度总指数（100.2）有所上升，显示消费者信心有所增强。

一至四季度四川消费者信心总指数变化，见表1和图1：

表1　　　　　　　**2011年四川消费者信心指数**

	一季度	二季度	三季度	四季度
总指数	107.1	103.2	100.2	105.3
现状指数	104.1	99.1	95.5	100.6
预期指数	110.1	107.4	105.0	110.0

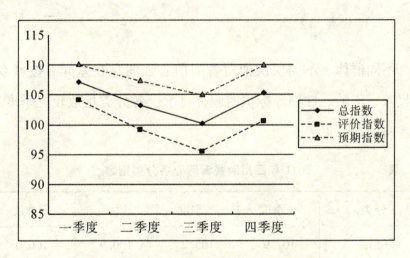

图1　2011年四川消费者信心指数走势

（二）分项指数

2011年度四季度四川消费者信心指数各分项指数值及其变化情况，见表2：

表 2   2011 年四季度四川消费者信心指数各分项指数值

类别、季度 指数	现状指数				预期指数			
	一季度	二季度	三季度	四季度	一季度	二季度	三季度	四季度
经济形势	110.6	104.9	101.5	108.4	128.7	119.6	114.5	122.3
就　业	110.5	106.1	103.2	110.3	111.0	102.1	97.0	106.0
收　入	85.9	97.2	87.3	97.6	110.9	113.5	111.4	114.8
耐用品购买	109.2	88.2	90.2	86.0	89.9	94.4	96.9	97.0
平均值	104.1	99.1	95.5	100.6	110.1	107.4	105.0	110.0

（三）分类指数

不同群体、不同层次消费者的信心强弱存在差异。按城乡、月收入、年龄、性别等标识的调查显示，各分类指数较三季度环比普遍回升，见表 3：

表 3   2011 年四川消费者信心各分类指数

分类	一季度	二季度	三季度	四季度
城镇	107.9	105.2	100.9	106.0
农村	106.6	101.6	99.2	104.7
1500 元以上	—	97.6	94.9	101.3
1500～3000 元	—	104.2	103.2	105.8
3000～5000 元	—	112.0	105.9	112.6
5000 元以上	—	115.7	112.7	112.6

表3(续)

分类	一季度	二季度	三季度	四季度
18~29岁	106.8	108.5	102.2	108.3
30~39岁	103.1	102.4	100.6	106.2
40~49岁	102.9	99.3	98.7	102.6
50~59岁	104.7	100.9	99.0	103.7
60~69岁	111.9	108.0	99.3	105.7
男	106.8	104.6	99.9	105.7
女	104.2	102.1	100.6	104.9

注：一季度未进行收入分类调查，数据缺失。

三、2011年四季度四川消费者信心指数分析

依据2011年四季度总指数、分类指数及各分项指数值的变化情况，做如下简要分析：

(一)总指数

2011年四季度四川消费者信心总指数（105.3）较三季度回升5.1个百分点，显示消费者信心有所增强。其中，现状指数环比回升5.1个百分点，预期指数环比回升5.0个百分点（见表1）。

2011年，中国经济运行进入增速放缓与通胀并存阶段。面对逐步回落的经济增速、持续加大的通胀压力以及日益复杂的国际经济环境，二、三季度四川消费者信心指数出现连续小幅下滑态

势，在某种程度上反映了宏观经济运行的复杂性与调控任务的艰巨性。经过一年的努力，四川省委省政府贯彻党中央、国务院关于加快转变经济发展方式的战略决策，正确处理保持经济平稳较快发展、调整经济结构、管理通胀预期的关系，坚持把稳定物价总水平作为宏观调控的首要任务，全年实现了经济增长较快、价格增幅降低、民生改善的良好态势，这是年末消费者信心现状指数回升的重要基础。同时消费者预测2012年经济将继续保持平稳较快发展，国家和地方将会更关注民生改善和结构优化，就业、收入继续趋向好转与进步，因而四季度消费者预期指数上升。

(二) 分项指数

1. 经济形势

2011年四季度经济形势评价指数为108.4，预期指数为122.3，较三季度环比分别上升6.9点和7.8点。四川经济社会持续较快增长，2011年1～11月，由新建企业拉动和支柱产业支撑，全省工业增长态势好于全国，规模以上工业增加值同比增长22.4%，高于全国平均水平8.2个百分点，前三季度增速位列各省（市、区）第2位。消费品市场增速回升，社会消费品零售总额实现7056.5亿元，较2010年同期增长18.0%，增速比全国高1个百分点。四川消费者对当前经济形势评价较为积极，对未来经济持续增长信心有所增强。

2. 就业

2011年四季度就业现状指数为110.3，预期指数为106.0，较三季度环比分别上升7.1点和9.0点，且就业预期指数回升幅度高于现状指数1.9点。四季度就业指数回升与全省1~11月良好的经济运行态势趋向一致，也与四季度经济形势指数的回升较好吻合。在外需继续萎缩、国内劳动力成本上升、经济增速放缓等因素叠加的影响下，省委省政府贯彻落实中央就业优先战略，多渠道开发就业岗位、加强就业扶助、培育战略性新兴产业，以及实施成渝经济区建设及城镇化建设等举措，使就业现状改善。特别是就业预期指数明显上升，表明2012年宏观调控政策将有助于实体经济发展，尤其有利于改善中小企业生存环境，提高企业吸纳就业的能力，增强了消费者就业信心。

3. 收入

2011年四季度消费者收入现状指数为97.6，预期指数为114.8，较三季度环比分别上升10.3点和3.4点。尽管四季度收入现状指数仍然低于中值100，但受通货膨胀压力缓解、年终奖金发放预期等因素影响，四川消费者对当前收入的满意度有较大提高。该项指数与三季度环比上升幅度居各分项指数值首位，而且预期收入指数继续超过现状指数，这表明四川城乡消费者对收入增加的预期持续趋向乐观。

4. 耐用品购买

2011年以来，国家和地方及时把握消费变化趋势，拓宽流通渠道，调整市场供给结构，消费品市场保持了平稳增长。但是，2011年四季度四川消费者耐用品购买现状指数（86.0）和预期指数（97.0），延续二、三季度低于中值（100）的态势，偏向悲观。其中，现状指数较三季度环比下降4.2点，预期指数与三季度持平。这一方面表明近年来我省多数消费者拥有的家电、家具、电脑等耐用消费品已趋向饱和；对家用汽车的潜在需求量大，但有购买力的部分家庭已经购置，而无力购置者目前尚处于积蓄期，加之油价较高、交通状况不佳、停车位偏紧等因素，汽车销量增幅下滑。另一方面，随着2011年年末家电下乡、家电以旧换新、扩大汽车消费等政策相继退出，部分中低收入者特别是农村低收入居民耐用品购买意愿减弱，也造成四季度该指数走低。值得注意的是，与二、三季度一样，四季度该预期指数仍高于现状指数，这提示厂商须审时度势，培育新的消费热点，在品牌、质量、个性化和服务上下工夫，尽力开拓城乡消费市场，这对于构建四川消费市场持续增长机制具有重要意义。

四、2011年四季度四川消费者信心指数辅助指标分析

为尽力真实、科学、客观反映四川居民对经济发展和生活条件满意度的动态变化，全面深入把握四川消费者信心指数反映的结果，本编制组一直密切关注民生热点问题，在编制四川消费者信心指数过程中，每季度选取与消费者信心指数相关的重要问题编制辅助指标，与消费者信心指数的四项核心指标一并进行调研。2011年四季度选取的5个相关指标是：金融投资预期、住房购买满意度、购房预期、物价满意度和物价预期。该类指标与消费者信心指数核心指标相同，取值为0～200，100为中值。2011

年二至四季度辅助指标指数反映如图2：

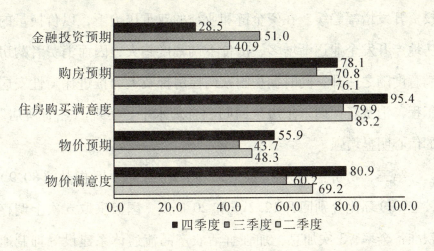

图 2

总体来看，四季度四川消费者信心指数辅助指数与三季度相比有所提升，但仍然低于中值（100），偏向悲观。各项指标的变化呈现以下特征：

第一，四季度金融投资预期指数（28.5）较三季度大幅下降22.5点，消费者投资信心相当悲观。三季度消费者金融投资意愿有所回升，但由于国家相继推出强制分红、创业板退市、打击内幕交易等抑制市场投机炒作等政策措施，加之新股持续发行，短期内对资本市场资金面产生了较大影响，四季度A股市场暴跌到十年前水平，资本市场走势与宏观经济走势脱节，打破了消费者原有的市场预期，严重挫伤了投资信心。

第二，住房购买满意度指数（78.1）和预期指数（95.4）较三季度环比分别回升7.3点、15.5点。在一系列遏制房价过快上涨的宏观调控政策影响下，四川主要城市房价快速上涨势头已初步受到抑制，房地产市场成交量下降，开发商库存持续增加，投资开发增幅趋缓。在资金链和业绩的双重压力下，以价换量的房地产开发企业逐渐增多，房价下调幅度趋大，因而消费者购房满意度随之回升；同时拥护国家调控房价及大力推进保障性安居工程，消费者预期未来房价回归到合理水平，实现"住有所居"的信心明显增强。

第三，物价满意度指数（55.9）和物价预期指数（80.9）较三季度环比分别回升12.2点和20.7点。国家采取6次上调存款准备金率、3次加息，加强鲜活农产品流通体系建设等抑制通胀的系列措施，2011年1～11月，四川居民消费价格总水平（CPI）上涨5.5%，其中11月CPI同比上涨4.0%，涨幅环比回落0.8个百分点。通胀势头得到有效控制，强化了依靠技术进步提高劳动生产率实现经济增长的内生动力机制。基于消费者对通胀的担忧情绪相对缓解，物价满意度指数有所提高。鉴于物价预期指数一般领先于实际物价水平变动，因而伴随物价预期指数趋向乐观，其对实际物价上涨的推动力将明显减弱。

五、结束语

2011年是"十二五"开局之年，也是国内外宏观经济形势异常复杂的一年。在经济增长下行与物价上涨并存的复杂条件下，四川经济发展模式加快了由粗放型增长向集约型增长的转变、由投资为主驱动向投资消费协调驱动的转变、由注重经济增长速度到更加注重民生的转变，成绩喜人。

四川拥有实现"十二五"发展任务的经济社会基础和有利条件。但也仍面临诸多困难与限制性因素，包括国内外经济形势的预期不容乐观，物价回稳的基础还不牢固，构建经济持续增长的内生动力机制还十分艰巨，产业结构要适应消费结构变迁的任务繁重，城乡二元结构、收入分配、资源环境约束、社会保障、公共服务领域及现代服务业发展的各种深层次矛盾将不断显现等，都将是对我们的严峻考验。要在复杂的经济环境中实现稳中求进，必须紧紧围绕科学发展的主题，加快经济发展方式转型；要坚持将扩大内需，深入推进民生工程作为发展的重中之重；要深入实施西部大开发和工业强省战略，高位求进；要大力推动新型工业化新型城镇化互动发展，更加积极稳妥地处理好保持经济平稳较快发展、调整经济结构、管理通胀预期的关系；要切实增强经济发展的协调性、政策调控的灵活性和针对性，努力获取四川建设西部经济发展高地的更大进展。

2012 年一季度
四川消费者信心指数报告

第一部分　2012 年一季度四川消费者
信心指数编制及分析

一、指数的数据采集

2012 年一季度四川消费者信心指数的编制流程为：面向全省各市（州）消费者抽样调查，回收问卷及数据处理与分析。本季度指数编制，充分借鉴了 2011 年指数编制的经验，基本模式与 2011 年第三季度抽样方式、调查方法相同，在样本分布、访问方式上作了改进。其情况说明如下：

（一）抽样方式

为保证样本质量，本季度抽样方式采取盖洛普抽样法，设置科学配额，使有效样本与总体结构保持一致，减小抽样误差。本次抽样基于四川省人口分布特点，在地区、城乡、性别、收入、年龄、文化程度六个方面制定了科学的抽样配额；在样本回收以后，又仔细进行了检验、复查，剔除了不合格样本，保证了样本的代表性。

（二）调查方法

2012年一季度四川消费者信心指数调查采用面访的调查方法。根据调查内容精心制作调查问卷，对全省年龄在18～69岁的常住居民（外籍人士除外）进行抽样调查，派访员在全省21个市（州）进行入户面访调查（甘孜、阿坝两州此次也专门派遣访员进行调查）。

（三）样本量及分布情况

按全省21个市（州）人口数，依比例分配各地样本数。全省计划样本2000份，实际发放调查问卷2292份，回收有效样本2154份。由于攀枝花市、雅安市、阿坝州和甘孜州的计划样本数按人口比例计算都不及50份，为保障上述地区样本的代表性，均将计划样本扩充到50份。实际回收的有效样本数见表1：

表 1 　　　　2012 年一季度四川消费者信心指数

各市（州）有效调查样本数

市（州）	样本数	市（州）	样本数	市（州）	样本数
成都市	263	遂宁市	96	达州市	153
绵阳市	134	内江市	98	雅安市	45
自贡市	80	乐山市	85	巴中市	84
攀枝花市	49	南充市	173	资阳市	117
泸州市	103	眉山市	81	阿坝州	49
德阳市	95	宜宾市	107	甘孜州	46
广元市	77	广安市	109	凉山州	110

二、2012 年一季度四川消费者信心指数

2012 年一季度四川消费者信心指数如表 2：

（一）总指数

2012 年一季度四川消费者信心指数总指数为 103.3，其中：现状评价指数为 98.9，预期信心指数为 107.7。2011 年一季度至 2012 年一季度四川消费者信心总指数变动情况如表 2：

表2 2011年一季度—2012年一季度四川消费者信心指数

	2011年				2012年
	一季度	二季度	三季度	四季度	一季度
总指数	107.1	103.2	100.2	105.3	103.3
现状评价指数	104.1	99.1	95.5	100.6	98.9
预期指数	110.1	107.4	105.0	110.0	107.7

　　2012年一季度四川消费者信心指数总指数103.3，与2011年四季度环比小幅回落2个百分点；与2011年一季度同比回落3.8个百分点。其中，现状评价指数环比和同比分别回落1.7个和5.2个百分点，预期指数环比和同比分别回落2.3个和2.4个百分点。见图1：

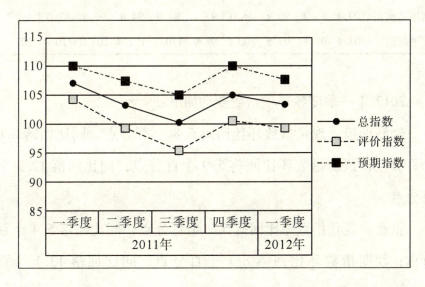

图1 2011年一季度—2012年一季度四川消费者信心指数变化图

（二）分项指数

2011 年各季度及 2012 年一季度四川消费者信心指数的分项指数值及其变化情况如表 3：

表 3　2011 年一季度—2012 年一季度四川消费者信心指数

各分项指数

项　目	现　状　指　数					预　期　指　数				
年　份	2011				2012	2011				2012
季　度	一	二	三	四	一	一	二	三	四	一
经济形势	110.6	104.9	101.5	108.4	102.6	128.7	119.6	114.5	122.3	116.4
就　业	110.5	106.1	103.2	110.3	105.1	111.0	102.1	97.0	106.0	97.9
收　入	85.9	97.2	87.3	97.6	93.3	110.9	113.5	111.4	114.8	116.6
耐用品购买	109.2	88.2	90.2	86.0	94.4	89.9	94.4	96.9	97.0	99.7
平均值	104.1	99.1	95.5	100.6	98.9	110.1	107.4	105.0	110.0	107.7

2012 年一季度各分项指数变动如下：

经济形势：现状指数环比回落 5.8 个百分点，同比回落 8.0 个百分点；预期指数环比回落 5.9 个百分点，同比回落 12.3 个百分点。

就业：现状指数环比回落 5.2 个百分点，同比回落 5.4 个百分点；预期指数环比回落 8.1 个百分点，同比回落 13.1 个百分点。

收入：现状指数环比回落 4.3 个百分点，同比上升 7.4 个百分点；预期指数环比上升 1.8 个百分点，同比上升 5.7 个百分点。

耐用品购买：现状指数环比上升 8.4 个百分点，同比回落 14.8 个百分点；预期指数环比上升 2.7 个百分点，同比上升 9.8 个百分点。

（三）分类指数

为了具体把握和比较全省不同群体、不同层次和不同地区的消费者信心强弱、差异及其变动，本次调查仍依据城乡、收入、年龄、性别和地区等指标对消费者进行分类。各分类指数的情况见表4、表5：

表4　　　　各季度四川消费者信心分类指数

分类标准	2011 年				2012 年
	一季度	二季度	三季度	四季度	一季度
城乡					
城镇	107.9	105.2	100.9	106.0	103.2
农村	106.6	101.6	99.2	104.7	103.4
月收入（元）					
1500 以下	—	97.6	94.9	101.3	97.9
1500～3000	—	104.2	103.2	105.8	104.7
3000～5000	—	112.0	105.9	112.6	109.2
5000 以上	—	115.7	112.7	112.6	117.2

表4(续)

分类标准	2011 年				2012 年
	一季度	二季度	三季度	四季度	一季度
年龄					
18~29 岁	106.8	108.5	102.2	108.3	100.7
30~39 岁	103.1	102.4	100.6	106.2	105.1
40~49 岁	102.9	99.3	98.7	102.6	102.4
50~59 岁	104.7	100.9	99.0	103.7	105.3
60~69 岁	111.9	108.0	99.3	105.7	106.0
性别					
男	106.8	104.6	99.9	105.7	103.7
女	104.2	102.1	100.6	104.9	102.8

注:"—"代表未进行调查,数据缺失。

2012 年一季度,四川消费者信心指数分类情况显示:

城乡消费者信心指数:城乡消费者信心指数相差仅0.2个百分点,且自2011年一季度以来首次出现农村消费者信心指数略高于城镇的情况。城乡消费者信心指数均环比回落,其中,城镇消费者信心指数回落幅度(2.8个百分点)大于农村消费者信心指数回落幅度(1.3个百分点)。

不同收入群体消费者信心指数:除高收入消费者信心指数上升4.6个百分点外,其余收入消费者的信心指数均出现回落。

不同年龄消费者信心指数:从环比看,各年龄段消费者信心指数与年龄增长呈现正向变动态势,青年消费者(39岁以下)信心指数回落,中年消费者(40~49岁)信心指数基本持平,老年消费者（50 岁以上）信心指数上升。

不同性别消费者信心指数：男女消费者信心指数均出现回落，环比回落幅度分别为 2 个百分点和 2.1 个百分点；同比回落幅度为 3.1 个百分点和 1.4 个百分点。

不同地区消费者信心指数：各地区消费者信心指数有升有降，呈现大体均衡态势。

表5　2012 年一季度四川省各市（州）消费者信心指数

市（州）	指数	市（州）	指数	市（州）	指数
成都市	102.2	泸州市	104.7	遂宁市	105.8
绵阳市	106.1	广元市	107.2	雅安市	99.2
内江市	100.3	德阳市	113.3	广安市	103.6
眉山市	95.1	自贡市	101.8	宜宾市	99.3
攀枝花市	110.8	资阳市	110.2	南充市	103.6
达州市	105.7	乐山市	96.8	甘孜州	101.8
巴中市	90.3	凉山州	106.4	阿坝州	96.0

鉴于调查样本数的局限，特别是消费者对各个指标的主观感受和期望值具有个体差异，地区消费者信心指数在反映各地区消费者对各项指标的评判与预期的差别上，只具有一定参考价值。

三、2012 年一季度四川消费者信心指数分析

依据 2012 年一季度总指数、分项指数及各分类指数变动情况，作出如下基本分析：

（一）总指数

总指数（103.3）保持在中值，较之上季度（105.3）小幅回落2个百分点。表明消费者对当前市场经济形势及民生福利的感受与预期基本稳定，但面对当前经济形势和市场状况的评价及预期，仍然表示出一定程度的担忧，均与预料相符。

一季度，全国经济增速平稳回调、物价涨幅总体回落，四川经济增幅高于全国平均数，保障和改善民生福利力度进一步增强，这是城乡消费者信心平稳的重要基础；但与此同时，消费者对经济形势、就业、收入和耐用品购买的现状评价下降，特别是收入和耐用品购买的现状评价再次回落到中值以下，表明当前调整结构、转变发展方式任务艰巨，忧患意识加强。其原因主要是国内外环境变化复杂，不确定性因素增多。欧美债务危机加剧，外贸出口环境持续恶化；工业生产增速和社会消费品零售额增幅平稳回落的同时，投资和出口对经济增长的拉动作用明显减弱，而保障和改善民生、扩大消费需求的力度虽有所增强，但短期内难以见到成效，对经济增长的拉动作用有限。可见，当前保增长调结构的难度增大，在充分认识当前的有利条件和积极因素，抓好经济运行和民生工作的同时，我们应密切关注经济社会运行中的新情况、新问题，增强忧患意识，认真解决民众反映强烈的突出问题。

（二）从分项指数看

首先，经济形势——现状指数（102.6）环比虽回落5.8个百分点，但仍居于中值。近几年四川经济增速一直高于全国平均水平，2012 年 1～2 月，全省规模以上工业增加值同比增长 17.7%，增速比全国平均水平高 6.3 个百分点；实现社会消费品零售总额同比增长 16.8%，与 2011 年增速持平，比全国平均水平高 2.1 个百分点；固定资产投资到位资金下降，商品住宅销售面积同比下降 31.1%。问题在于，对于持续增长的经济态势，城乡消费者的评价却趋向下滑。我们认为，消费者对经济形势的判断与实际状况之间的差异，源于消费者与政府之间信息不对称，而民众个体对就业、收入、消费品价格及城乡建设等的直观感受，却值得高度关注。需要注意的是，该分项预期指数（116.4）环比回落 5.9 个百分点，显示四川城乡居民对当前复杂的经济运行态势，表现出某种程度的忧虑；此外，对于习惯于多年经济高速增长态势的消费者，加强转变发展方式的宣传，显得紧迫而重要。这都提示了保增长、保民生、保稳定的宏观调控任务的复杂性和艰巨性。

其次，就业指数——现状指数（105.1）环比回落 5.2 个百分点；预期指数（97.9）环比回落 8.1 个百分点。城乡消费者对"就业状况"的评价及预期值均出现回落，前者显示略为乐观，后者显示略为悲观。这与城乡居民对经济走势的某种疑虑相吻合，同时又与招工的季节性周期反应相联系，即春节后沿海及内地招工需求量大，而预期半年后招工需求趋于降低。由此表明，在外需持续萎缩、经济增速平稳回落、房地产投资趋于下降的综合作用下，就业形势趋于严峻。为此，对于劳动力资源相对充足的四川，需要抓住成渝经济区建设和城镇化建设的机遇，加大实施就业优先战略力度，进一步加强对农民工和城镇低收入者的就业扶持力度，实施鼓励沿海农民工回乡创业，带动更多农民就业的配套政策。

再次，收入指数——现状指数（93.3）环比回落4.3个百分点，预期指数（116.6）环比上升1.8个百分点。值得高度重视的是，四川城乡消费者对收入的评价历来较低，自2011年以来各季度均低于中值水平，而预期水平各季度均超过中值，即消费者对收入增长的现状评价总是低于预期。城乡居民货币收入的持续增长，是改善民生、扩大消费的重要基础和前提，而我省城乡居民收入长期低于全国平均数，因此，尽力提高城乡居民收入，是我省转变经济发展方式，保障和改善民生工作的重要环节。提高城乡居民收入是一项涉及面广、政策性强的战略工程，且短期内难以取得明显成效，重要的是加强城乡实体经济发展，增强我省各级政府改善民生的财力，同时，需要在财税、金融、社会保障、就业政策、土地制度及工资、扶贫制度等各方面实施系列改革，协调配合。

最后，耐用品购买——现状指数（94.4）环比上升8.4个百分点；预期指数（99.7）环比上升2.7个百分点。过去几年，我国实施的扩大家电消费政策对家用电器生产应对国际金融危机发挥了重要作用，一定时期内带动了耐消品消费，但也透支了一部分未来的购买力。2011年，家电下乡首批试点、家电以旧换新、节能惠民工程等扶持政策退出，给以家电为首的耐用消费品购买带来一定影响，加之前几年迅猛的汽车销售高潮已过，商品房销势下滑，导致家居购置需求量下降。这是耐用消费品购置指数仍然居于中值以下的重要原因，但是，耐用品购买的现状、预期两项指数却呈现上升势头，是 4 个分项中唯一环比均上升的指数。这表明，在 2011 年末耐消品购买低潮之后，出现了一个周期性回升势头，尤其是春节期间商家抓紧时机实施的各类促销活动，对于耐消品市场一定程度的升温起到了作用。预计 2012 年四川消费品零售总额保持平稳增长态势，生产和流通环节在品牌、功能、质量、规格等方面优胜劣汰的竞争将会更趋激烈。

四、四川消费者信心指数辅助指标分析

为了全面分析四川城乡消费者信心指数的结果，使之更确切地反映我省城乡居民对经济社会发展及民生改善的评价与预期，我们在四川消费者信心指数编制过程中，构建了消费者信心指数辅助指标，与消费者信心指数一并进行同步调研。2012 年一季度调研并获得数据的 5 个相关指标依次是：物价满意度、物价预期、住房购买满意度、住房购买预期和金融投资预期。各辅助指数数值，见表 6：

表6　　　　2012 年一季度四川消费者信心指数辅助指标

	2011 年				2012 年
	一季度	二季度	三季度	四季度	一季度
物价满意度	—	48.3	43.7	55.9	50.9
物价预期	57.9	69.2	60.2	80.9	73.5
购房满意度	—	76.1	70.8	78.1	81.2
购房预期	82.6	83.2	79.9	95.4	90.2
金融投资预期	30.5	40.9	51.0	28.5	46.3

　　总体来看，2012 年一季度四川消费者信心指数辅助指标具有以下特征：

　　第一，一季度金融投资预期指数（46.3）较上季度显著回升 17.8 个百分点，但依然远低于中值，表明消费者投资信心仍处于悲观。2012 年年初以来，世界主要经济体央行面对债务危机，选择继续维持宽松的货币环境，为环球股市上扬提供了良好的流动性。尤其是国内经济稳定增长，通胀幅度下滑，房地产市场趋冷，部分投资资本转入股市以及持续低迷的股市出现技术性恢复，股市投资信心略为上扬。

　　第二，一季度住房购买满意度指数（81.2）较上季度略升 2.1 个百分点，预期指数（90.2）则下降 5.2 个百分点。一季度央行继续下调存款准备金率 0.5 个百分点，首套房贷利率已回归基准；各地抓紧抓好 2012 年城镇保障性安居工程建设、分配、管理、退出等工作，消费者住房购买满意度增强。春节后住房刚性需求有所释放，特别在中央坚定下调房价的感召下，消费者继续等待时机的心态明显，购房预期指数呈现下降。

第三，一季度物价满意度指数（50.9）较上季度下降 5.0 个百分点，物价预期指数（73.5）下降 7.4 个百分点。受 2011 年物价上涨翘尾等因素影响，尽管 2012 年 1～2 月四川居民消费价格总水平（CPI）同比上涨 3.2%，增幅同比下降明显，但与居民日常生活密切相关的食品类价格上涨 6.7%、衣着类上涨 9.5%，导致消费者物价满意度小幅降低，同时对物价预期仍然不甚乐观。

第二部分　2012 年一季度四川民生相关问题调查报告

保障和改善民生是加快转变经济发展方式的根本出发点和落脚点，为更全面反映四川居民对经济社会发展的评价与预期，真实、客观地反映四川居民的主要民生诉求与感受，本研发中心在编制各季度消费者信心指数与民生辅助指标基础上，于 2012 年一季度指数调查的同时，对居民高度关注的医疗、教育、社会保障、食品安全等民生领域的专门问题进行了问卷面访调查，编制出家庭主要消费支出、社会保障满意度评价、食品安全、生活环境评价和生活幸福感评价 5 个指标，力求构建洞察保障和改善民生的新视角，为政府、企业和社会各界提供参考。该民生问题调查方案及调查方式，将在调查实践中不断完善。

一、家庭主要消费支出

调查显示，四川城乡受访者家庭消费支出选择占比排前4位的项目依次是：食品（21.6%）、子女教育（13.9%）、穿着（12.9%）和买房（6.3%），选择这4项支出的受访者总占比为54.7%，其他12个项目的各自占比均低于5%。

当问及"除用于吃穿以外，近半年内您会将剩余的钱用在以下哪些方面"时，受访者占比排前4项的依次是：子女教育（15.4%）、储蓄（14.7%）、交保险和社保（或商业险）（9.0%）和买家电、电脑、家具（8.4%）。可见，子女教育、储蓄和社保等支出仍然居货币支出前列。见表7和表8：

表7　2012年一季度四川居民家庭消费项目选择占比

项　　目	占比（%）
食品	21.6
子女教育	13.9
穿着	12.9
买房	6.3
买家电、家具等消费品	4.8
交房租及水电气费等	4.8
房屋装修	4.7
治病与保健	4.6
储蓄	4.3
保险及社保（或商业险）	4.0

项　　目	占比（%）
旅游等休闲娱乐	3.9
买汽车（含机动摩托车）	3.9
交通、通信费	3.6
做生意及其他投资（购买债券、股票等）	2.9
偿还购房贷款	2.9
其他	0.8
总计	100.0

表8　2012年一季度四川居民家庭剩余资金使用选择占比

项　　目	占比（%）
子女教育	15.4
储蓄	14.7
交保险和社保（或商业险）	9.0
买家电、电脑、家具	8.4
做生意及其他投资（购买债券、股票等）	7.6
交房租及水电气费等	6.5
旅游等休闲娱乐	6.2
治病与保健	5.9
偿还购房贷款	5.3
买房	5.2
交通、通信费	5.1
装修住房	4.9
买汽车（含机动摩托车）	4.0
其他	1.6
总计	100.0

二、社会保障满意度评价

参照消费者信心指数编制方法，社会保障满意度指数取100为中指，等于100表示一般，大于100表示较为满意（乐观），小于100表示不满意（悲观）。从就业、养老、医疗、住房和教育等各项保障的调查数据看，对社会保障项目满意度的评价从高到低依次为：养老（108.0）、医疗（104.7）、教育（104.6）、就业（97.7）、住房（96.5）。见表9：

表9　2012年一季度四川居民对社会保障各项目满意度指数

	就业	养老	医疗	住房	教育
2012年一季度	97.7	108.0	104.7	96.5	104.6
2011年三季度	93.4	104.4	97.6	82.4	102.2

与2011年三季度面访调查结果相比，2012年一季度四川居民对各项社会保障满意度评价的顺序尚未有大的变化，但满意程度均有所提高，显示政府在保障和改善民生方面的系列举措已显现成效。当被问及"您家能否负担得起一般医疗（门诊和短期住院）的支出费用"时，24.8%的被访者表示能够负担，62.8%的被访者表示基本上能够负担，而表示不能负担的居民占12.4%。

不同年龄和收入的居民对社会保障的满意程度存在一定差异。见表10、表11：

表 10　　　　　　　　不同年龄群体社会保障满意度指数

年龄＼项目	就业	养老	医疗	住房	教育
18～29 岁	90.9	97.8	96.5	83.3	96.6
30～39 岁	102.4	107.1	103.2	95.6	100.1
40～49 岁	96.7	110.0	105.8	100.0	108.1
50～59 岁	99.9	114.3	109.6	105.1	110.9
60～69 岁	107.8	128.9	127.0	116.4	121.9

表 11　　　　　　　　不同收入群体社会保障满意度指数

收入(元)＼项目	就业	养老	医疗	住房	教育
1500 以下	89.5	106.4	106.2	93.0	105.0
1500～3000	99.9	107.2	101.9	96.3	103.2
3000～5000	106.5	110.8	104.8	101.0	105.2
5000～8000	116.2	109.5	113.5	106.8	108.1
8000 以上	117.1	124.4	115.9	120.7	113.4

不同年龄组居民：60～69 岁群体对社会保障满意度的评价最高，各项均为乐观；18～29 岁群体的评价最低，各项均偏向悲观；30～59 岁之间的 3 个年龄组对养老、医疗保障均偏向乐观；18～49 岁的 3 个年龄组对就业和住房保障的整体评价都不高，偏向悲观项居多。

不同收入居民：月收入 3000 元以上的群体对社会保障的满意度明显高于月收入 3000 元以下的低收入群体，特别是就业和住房保障方面，低收入群体的评价趋于悲观。由此凸显出应该继续重点关注低收入群体，特别应在收入、就业和住房等方面给予重点扶持。

三、食品安全

食品安全问题是关系民生的重要问题。2012 年一季度调查显示，大多数四川居民对食品安全继续表示忧虑，认为食品安全问题"很严重"和"比较严重"的被访者达 58.3%，较 2011 年三季度上升 13.9 个百分点，仅有 9.6% 的居民认为该问题"不太严重"和"不严重"。我们在调查中感受到，城乡居民对日益频发的食品安全事件和薄弱的食品监管力度情绪较大，值得各级领导高度重视，认真解决。见表 12 和图 2：

表 12　　　四川居民对食品安全问题评价的占比（%）

	很严重	比较严重	一般	不太严重	不严重
2012 年第一季度	18.7	39.6	32.1	8.9	0.7
2011 年第三季度	12.0	32.4	39.8	14.3	1.6

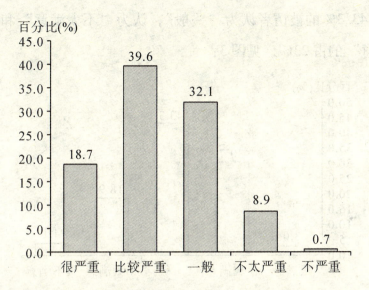

百分比(%)

图2　2012年一季度四川居民食品安全满意度评价的占比

　　分城乡看，有22.7%的被访城镇居民对食品安全问题表现出明显担忧，而农村居民自身因受教育程度、经济收入及监管难的影响，对食品安全的重视程度较城镇居民为低，仅有12.7%的农村居民对食品安全表示有明显担忧。由于农村居民收入远低于城市，农村市场对低价食品有着较大需求，加之农村食品安全监管力度更加薄弱，致使一些存在严重危害的食品流向农村。因此，加强农村居民食品安全监管及宣传力度，强化农村居民食品安全维权意识对改善四川农村居民消费环境具有重要意义。

四、生活环境评价

　　本季度调查显示，四川居民对生活环境的满意度尚可。33.7%的被访者表示对当地的生活环境"很满意"和"比较满意"，43.3%的被访者认为"一般"，认为"不太满意"和"很不满意"的占23%。见图3：

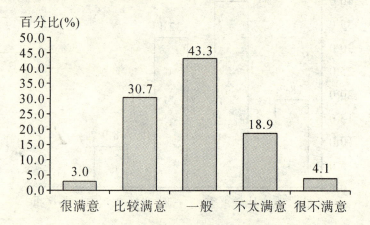

图3 2012年一季度四川居民生活环境评价占比

同时，城镇居民和农村居民对生活环境的满意度有差异，农村居民的满意度较高于城镇，农村居民对生活环境评价"很满意"和"比较满意"的分别为4.1%和34.1%；而城镇居民对生活环境评价"很满意"和"比较满意"的分别为2.2%和28.4%。

五、生活幸福感评价

生活幸福感是民众对生活幸福程度的主观感受和对个人生活状况的总体性认知评估。调查显示，2012年一季度四川居民幸福感较2011年三季度有所提高。有53.4%的被访者表示当前生活"比较幸福"和"很幸福"，39.6%的被访者认为"一般"，见表13和图4。不同年龄、性别、城乡和文化程度的居民对幸福感无显著差异，但不同收入的居民幸福感差异显著，收入水平越高的居民幸福感越强。

表 13　　　　四川居民对生活幸福感评价的占比（％）

	很幸福	比较幸福	一般	不太幸福	不幸福
2012 年第一季度	11.2	42.2	39.6	5.6	1.4
2011 年第三季度	9.9	38.2	43.6	7.1	1.2

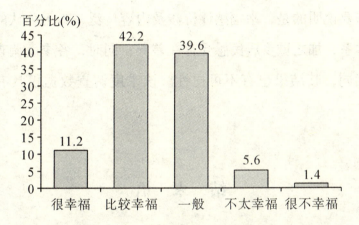

图 4　2012 年一季度四川居民生活幸福感评价的占比

本研发中心根据消费者信心指数的编制方法，编制了各市（州）消费者幸福度指数。见表 14：

表 14　　　　2012 年一季度各市（州）幸福度指数

市（州）	指　数	市（州）	指　数	市（州）	指　数
成都市	126.2	泸州市	116.5	凉山州	131.4
绵阳市	131.3	广元市	140.3	遂宁市	133.9
内江市	132.7	德阳市	141.1	雅安市	112.2

表14(续)

市（州）	指 数	市（州）	指 数	市（州）	指 数
眉山市	115.4	自贡市	123.1	广安市	124.3
攀枝花市	133.7	南充市	130.1	宜宾市	118.2
达州市	128.4	资阳市	138.0	阿坝州	135.7
巴中市	128.0	乐山市	123.6	甘孜州	120.7

德阳、广元、资阳、阿坝、遂宁居民的幸福感位列全省前五位。需要说明的是，幸福感评价涉及内容广泛，尚无公认的评价指标体系，加之城乡居民感受存在差异；同时，各季度调查对象不尽相同，其结果也有不可比性。该季度调查数据仅具有参考价值。

结 束 语

2011 年四川实现了"十二五"的良好开局，增长较快、效益较好、价格趋稳、民生福利继续优化。2012 年是"十二五"时期承前启后的重要一年，四川与全国一样，处于发展的重要战略机遇期。四川有 30 多年改革开放特别是近几年加快发展所建立起来的物质基础和宏观调控经验，有汶川特大地震恢复重建、灾区发展振兴的精神激励，抓住国家深入实施新一轮西部大开发战略、支持成渝经济区建设的新机遇，必将继续保持经济平稳较快发展的势头。

当前全省经济社会发展呈现良好态势。在消费者信心指数及其民生问题调查中，我们深切感受到全省城乡居民期盼过上更加美好的新生活的强烈愿望，但是，四川人口多、底子薄、不平衡、欠发达的基本省情，以及长期制约我省经济社会持续健康发展的体制性、结构性矛盾依然存在，因此，四川转变经济发展方式，加快改善民生、扩大消费需求的任务较之国内沿海地区更加复杂而艰巨。

2012 年预期经济增速进一步平稳回落，结构调整和改革攻坚力度进一步加大。省委省政府已经明确提出：当前要以加快转变经济发展方式为主线，突出"规模扩大、结构调整、民生改善、社会稳定"的总体目标，在调结构、稳物价、惠民生的前提下保增长、求提高，努力推动全省经济社会跨越发展。一季度虽然四川经济形势表现喜人，但消费者信心指数的略微回落显示出四川民众对当前复杂形势的担忧。为此，我们认为，四川各级领导干部应当继续坚持以人为本、执政为民，进一步深入调查研究，了解民情、关注民生，竭力为城乡居民办实事、办好事、解难事，推进全民共建、共享改革成果，尽力在转变经济发展方式上取得新进展，在深化改革开放上取得新突破，在改善民生上取得新成效，有力提升我省城乡居民建设发展更美好四川的充沛信心。

2012 年二季度
四川消费者信心指数报告

一、2012 年二季度四川消费者信心指数调查情况

2012 年二季度四川消费者信心指数采用面向全省各市（州）抽样调查。充分借鉴此前的编制经验，本季度采用面访调查与电话调查相结合的新调查方式，回收问卷计算与分析研究，以期不断提高指数编制质量。

（一）抽样方式

为提高样本代表性，保证调查数据质量，本季度综合运用面访调查抽样和电话调查抽样相结合，在样本分布、抽样方式上继续进行改进。其主要改进之处如下：

第一，对成都市及周边市，采取盖洛普抽样方法进行抽样面访调查；对距离成都相对较远的市（州），采取电话调查。电话

采用随机抽样和固定样本结合的方式，50%的样本在各市（州）按电话号码随机抽取，50%的样本在此前电访和面访获取的有效样本号码中随机抽取。

第二，基于四川省人口分布特点，从城乡、性别、收入、年龄和文化程度5个方面确定抽样配额，有效保证样本与总体状况的一致性，减小抽样误差。

第三，根据各市（州）人口分布特征，确定各地区调查样本数。为减小抽样误差，保证样本的代表性，对于样本数不足50份的市（州），均扩充至50份。

第四，样本全部回收之后，又仔细进行了检验和复查，剔除了不合格的样本，样本代表性得到有效保证。

（二）调查方式

2012年二季度四川消费者信心指数调查，根据调查内容精心制作调查问卷，对全省年龄在18~69岁的常住居民（外籍人士除外）进行抽样调查，派访员在成都及周边7个市进行了入户面访调查，省内其余市（州）采用电话调查。各地调查方式见表1。

（三）调查样本量及分布情况

按全省21个市（州）人口数，依比例分配各地样本数，其中，攀枝花市、雅安市、阿坝州和甘孜州的计划样本数不及50份，为保证样本代表性，均扩充至50份。不低于全省计划样本数 2000 份，实际发放调查问卷 2192 份，回收有效样本 2154 份。各市（州）有效样本数，见表 1：

表1   2012 年二季度各市（州）有效调查样本数

市（州）	样本数	方式	市（州）	样本数	方式	市（州）	样本数	方式
成都市	275	面访	广元市	70	电访	达州市	153	电访
绵阳市	127	面访	内江市	95	电访	攀枝花市	50	电访
德阳市	92	面访	乐山市	87	电访	巴中市	84	电访
雅安市	38	面访	南充市	168	电访	泸州市	112	电访
资阳市	112	面访	自贡市	73	电访	阿坝州	50	电访
眉山市	79	面访	宜宾市	119	电访	甘孜州	51	电访
遂宁市	84	面访	广安市	104	电访	凉山州	106	电访

二、2012 年二季度四川消费者信心指数

2012 年二季度四川消费者信心指数如下：

（一）总指数

2012 年二季度四川消费者信心指数总指数为 104.6，其中：现状评价指数为 100.6，预期指数为 108.6。2011 年一季度—2012 年二季度消费者信心总指数变动情况，见表 2 和图 1：

表2　2011年一季度—2012年二季度四川消费者信心指数

	2011年				2012年	
	一季度	二季度	三季度	四季度	一季度	二季度
总指数	107.1	103.2	100.2	105.3	103.3	104.6
现状评价指数	104.1	99.1	95.5	100.6	98.9	100.6
预期指数	110.1	107.4	105.0	110.0	107.7	108.6

　　2012年二季度四川消费者信心指数总指数较上季度环比小幅上升1.3个百分点，较2011年同期同比上升1.4个百分点。其中，现状评价指数环比和同比分别上升1.7和1.5个百分点，预期指数环比和同比分别上升0.9和1.2个百分点。

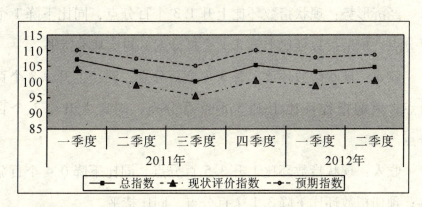

图1　2011年一季度—2012年二季度四川消费者信心指数图

（二）分项指数

　　2011年一季度—2012年二季度四川消费者信心指数的各分项指数值及其变化情况，见表3：

表3　2011 年一季度—2012 年二季度四川消费者信心指数

各分项指数值

年　份	现　状　指　数						预　期　指　数					
	2011 年				2012 年		2011 年				2012 年	
季　度	一	二	三	四	一	二	一	二	三	四	一	二
经济形势	110.6	104.9	101.5	108.4	102.6	103.9	128.7	119.6	114.5	122.3	116.4	119.5
就　业	110.5	106.1	103.2	110.3	105.1	108.9	111.0	102.1	97.0	106.0	97.9	103.4
收　入	85.9	97.2	87.3	97.6	93.3	96.8	110.9	113.5	111.4	114.8	116.6	113.5
耐用品购买	109.2	88.2	90.2	86.0	94.4	92.7	89.9	94.4	96.9	97.0	99.7	98.2
平均值	104.1	99.1	95.5	100.6	98.9	100.6	110.1	107.4	105.0	110.0	107.7	108.6

2012 年二季度各分项指数变动如下：

经济形势：现状指数环比上升 1.3 个百分点，同比下降 1 个百分点；预期指数环比上升 3.1 个百分点，同比基本持平。

就业：现状指数环比上升 3.8 个百分点，同比上升 2.8 个百分点；预期指数环比上升 5.5 个百分点，同比上升 1.3 个百分点。

收入：现状指数环比上升 3.5 百分点，同比下降 0.4 个百分点；预期指数环比下降 3.1 个百分点，同比持平。

耐用品购买：现状指数环比下降 1.7 个百分点，同比上升 4.5 个百分点；预期指数环比下降 1.5 个百分点，同比上升 4.2 个百分点。

（三）分类指数

为了详细把握全省不同群体、不同层次、不同地区消费者的信心强弱及其差异，本次调查仍然依据城乡、收入、年龄、性别和地区等指标对消费者进行分类。各分类指数的情况见表4：

表4　2011年一季度—2012年二季度四川消费者信心分类指数

年、季 分类标准	2011年				2012年	
	一季度	二季度	三季度	四季度	一季度	二季度
城乡						
城镇	107.9	105.2	100.9	106.0	103.2	106.0
农村	106.6	101.6	99.2	104.7	103.4	103.1
月收入（元）						
1500以下	—	97.6	94.9	101.3	97.9	99.6
1500~3000	—	104.2	103.2	105.8	104.7	105.4
3000~5000	—	112.0	105.9	112.6	109.2	111.9
5000以上	—	115.7	112.7	112.6	117.2	114.3
年龄						
18~29岁	106.8	108.5	102.2	108.3	100.7	107.1
30~39岁	103.1	102.4	100.6	106.2	105.1	104.6
40~49岁	102.9	99.3	98.7	102.6	102.4	102.5
50~59岁	104.7	100.9	99.0	103.7	105.3	102.7
60~69岁	111.9	108.0	99.32	105.7	106.0	108.1
性别						
男	106.8	104.6	99.9	105.7	103.7	104.6
女	104.2	102.1	100.6	104.9	102.8	104.6

注："—"代表数据缺失。

2012年二季度，四川消费者信心指数分类情况显示如下：

城乡消费者信心指数：城镇消费者信心指数环比上升2.8个百分点，农村消费者信心指数略微下降0.3个百分点。

不同收入群体消费者信心指数：除月收入5000元以上的群

体消费者信心指数环比下降 2.9 个百分点、同比下降 1.4 个百分点外，其余各收入群体消费者信心指数同比均呈现不同幅度的上升，环比则稳中有升。

不同年龄消费者信心指数：从环比看，各年龄段消费者信心指数环比有升有降。其中，青年消费者（29 岁以下）和老年消费者（60~69 岁）信心指数继续上升，中青年消费者（30~39 岁）和中老年消费者（50 岁以上）信心指数有所下降。从同比看，除青年消费者（29 岁以下）信心指数同比略有下降外，其余年龄段消费者信心指数均上升。

不同性别消费者信心指数：男、女消费者信心指数环比上升幅度分别为 0.9 和 1.8 个百分点；男性消费者信心指数同比持平，女性消费者信心指数同比上升 2.5 个百分点。

不同地区消费者信心指数：各市（州）消费者信心指数有升有降，升降幅度总体不大。其中，环比指数上升幅度最大的地区是巴中市；下降幅度最大的是攀枝花市。见表 5：

表 5　2012 年一至二季度四川省各市（州）消费者信心指数

地区	二季度	一季度	地区	二季度	一季度	地区	二季度	一季度
成都市	104.0	102.2	泸州市	102.1	104.7	遂宁市	108.2	105.8
绵阳市	98.6	106.1	广元市	108.5	107.2	雅安市	96.6	99.2
内江市	101.8	100.3	德阳市	108.1	113.3	广安市	104.3	103.6
眉山市	104.0	95.1	自贡市	104.6	101.8	宜宾市	103.8	99.3
攀枝花市	97.9	110.8	资阳市	106.8	110.2	南充市	103.2	103.6
达州市	103.0	105.7	乐山市	103.0	96.8	甘孜州	119.0	101.8
巴中市	111.8	90.3	凉山州	105.3	106.4	阿坝州	112.6	96.0

鉴于调查样本数的局限，特别是消费者对各个指标的主观感受和期望值具有个体差异，地区消费者信心指数在反映各地区消费者对各项指标的评判与预期的差别上，只具有一定的参考价值。

三、2012 年二季度四川消费者信心指数分析

依据 2012 年二季度总指数、分项指数及各分类指数变动情况，作出如下基本分析：

（一）总指数

总指数（104.6）继续保持在中值以上，与上季度环比上升1.3 个百分点，与 2011 年同期相比（103.2）上升 1.4 个百分点，表明我省城乡消费者对当前经济形势、消费市场状况及民生福利的感受与预期趋向企稳略升，与当前经济社会形势基本吻合。

2012 年上半年以来，受国内外需求收缩、中长期经济增长潜力下降与多重周期因素叠加作用，特别在中央实施"调结构，转方式"系列政策影响下，宏观经济延续了 2011 年逐季回落的态势，各项经济指标低于市场预期。在这种态势下，本季度四川消费者信心总指数、现状指数和预期指数与全国宏观经济运行轨迹有细微差异，均较一季度小幅上升。我们认为，这主要源于以下因素的共同作用：

首先，2012 年上半年四川经济继续呈现良好发展态势。我省

主要经济指标增幅高于全国、好于西部，在全国前十个经济大省中继续处于领跑地位，在上季度经济增势"开门红"基础上，二季度全省投资、消费延续较快的增长势头。其次，保障和改善民生的力度继续加大，宏观经济增幅虽有所降低，但增加居民收入、推进基本公共服务均等化的力度有所增强；再次，伴随投资和消费需求下降、全球大宗商品价格走低、货币政策保持预调微调，全国消费物价指数（CPI）逐月缩小，2012 年 5 月 CPI 总水平同比上涨 3%，涨幅创下 23 个月以来的新低，通胀压力明显减轻；最后，经过两年多的严格调控，房价过快上涨局面得到初步遏制，商品房销售面积和销售额连续出现负增长，房地产业的泡沫得到挤压。这些因素共同促成了我省城乡消费者对现状评价企稳略升。

消费者总体预期指数上升，主要源于对下半年四川经济增长的信心和对国家宏观经济"保增长"政策的研判。针对当前出口、投资、消费需求增势疲软的状况，国家相机抉择，采取一系列的预调和微调措施，将"稳增长"放在宏观调控更加重要的位置，并强调按照"经济平稳较快发展是基础、调整结构是关键、物价稳定是保障"的要求，加快重大项目审批速度、信贷增速上升、央行 6 月初降息等举措相机出台。预计在下半年"稳增长"预调微调政策效应显现、房地产市场企稳等因素影响下，投资下滑和消费疲软有望逐步回升。分项看，消费者对经济形势和就业预期信心有所加强，而对收入增长和耐用品购买趋势保持谨慎乐观，预期略有下降。

（二）分项指数

首先，经济形势——现状指数（103.9）环比上升1.3个百分点，预期指数（119.5）环比上升3.1个百分点，与上半年四川经济良好运行态势保持一致。2012年1～5月，全省规模以上工业增加值同比增长16.9%，增速比全国平均水平高6.2个百分点；全社会固定资产投资（不含农户）6128.61亿元，同比增长22.3%，增速比全国平均水平高2.2个百分点；社会消费品零售总额3568.1亿元，同比增长15.9%，增速比全国平均水平高1.4个百分点；CPI同比上涨3.1%，涨幅比全国平均水平低0.4个百分点，比2011年同期下降2.9个百分点。在此态势下，四川消费者对经济形势现状及预期信心均有所增强。

其次，就业——现状指数（108.9）环比上升3.8个百分点，预期指数（103.4）环比提升5.5个百分点。随着我省实施"新型工业化"、"新型城镇化"的互动发展及就业优先战略，带动就业总量增速加快。截至今年一季度，我省城乡就业人员达到4789.1万人，比2011年末增加3.6万人，调查失业率下降。在一季度企业招聘求职高峰中，劳动力价格继续上涨，同时，在大型投资项目趋向增多的预期下，就业市场总量供求矛盾趋向缓和，因而本季度就业现状和预期指数均止跌回升。

再次，收入——现状指数（96.8）环比上升3.5个百分点，预期指数（113.5）环比下降3.1个百分点，延续了2011年以来收入现状指数均低于中值水平，预期指数均高于中值水平，且现状始终低于预期的态势。2012 年一季度，四川城镇居民收入增长14.2%，农村居民收入增长 18%。同时物价指数趋稳下降，在扣除价格因素后，居民平均实际收入仍达两位数增长。尽管我省居民收入仍较之不少省区低，消费者对今年以来收入增幅加大仍然予以肯定。但出于对收入能否持续增长、CPI 是否还会波动上升的担忧，消费者对未来收入持续增长信心仍然有所保留，预期指数小幅下降。

最后，耐用品购买——现状指数（92.7）环比下降 1.7 个百分点，预期指数（98.2）环比下降 1.5 个百分点，其现状和预期指数自 2011 年二季度以来持续低于中值，显示消费者耐用品购买意愿仍然不强。2009 年以来，"家电下乡"、"汽车下乡"、"以旧换新"等一系列刺激政策已经使相当部分的农村消费者耐用品购买需求得以实现；商品房销量下降造成了相关家庭耐用品销势不振；国家出台的新一轮"节能家电补贴"、"节能汽车补贴"等政策刚刚出台，消费者知晓程度不足。这些因素应是本季度耐用品购买现状和预期指数均不同程度下降的重要原因。

四、2012 年二季度四川消费者信心指数辅助指标分析

为了全面把握四川城乡消费者信心指数，使之更确切地反映我省城乡居民对经济社会发展的评价与预期，我们在四川消费者信心指数编制过程中，构建了消费者信心指数辅助指标，与消费者信心指数一并进行同步调研。经调研并获得数据的 5 个相关指

标依次是：物价满意度、物价预期、购房满意度、购房预期和金融投资预期。各辅助指数数值见表6和图2：

表6　　2012年二季度四川消费者信心指数辅助指标指数

	2011 年				2012 年	
	一季度	二季度	三季度	四季度	一季度	二季度
物价满意度	—	48.3	43.7	55.9	50.9	49.7
物价预期	57.9	69.2	60.2	80.9	73.5	74.4
购房满意度	—	76.1	70.8	78.1	81.2	83.9
购房预期	82.6	83.2	79.9	95.4	90.2	92.5
金融投资预期	30.5	40.9	51.0	28.5	46.3	32.5

注："—"代表数据缺失。

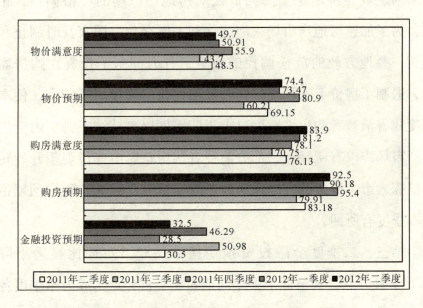

图2　四川省消费者辅助指标季度变化图

总体来看，2012 年二季度四川消费者信心辅助指数具有以下特征：

第一，二季度物价满意度指数（49.7）环比下降 1.2 个百分点，预期指数（74.4）环比上升 0.9 个百分点。5 月份，四川消费者价格指数同比上涨 3.0%，涨幅与全国持平，生产者物价指数（PPI）同比下降 0.6%。伴随猪肉等食品价格企稳，四川 CPI 下降趋势明显，一直困扰消费市场的通胀压力有所缓解。尽管物价满意度指数较一季度环比下降，但其降幅已趋缓，同时通胀预期减弱。

第二，二季度购房满意度指数（83.9）环比回升 2.7 个百分点，预期指数（92.5）环比回升 2.3 个百分点。2012 年上半年并未因宏观经济增速下降而放松对房地产市场的严格调控，相反，为了加速房地产市场去泡沫化和去库存化，国家及时制止和纠正一些地方政府放松调控的政策，有力抑制了投资性购房需求，遏制了房价上涨幅度，同时保障性住房建设力度加大，使本季度我省消费者购房满意度自去年四季度以来持续上升。由于房地产市场需求有所释放，部分消费者购房意愿由等待观望开始转为试探入市，导致部分地区房地产成交量有所放大，购房预期指数本季度有所回升。

第三，二季度金融投资预期指数（32.5）环比显著下降 13.8 个百分点，甚至低于去年同期 8.4 个百分点，成为本季度各辅助指数的降幅最大项。我省消费者投资意愿冷淡表明，消费者比较充分地预期了海外市场金融危机扩大、国内宏观经济增幅下滑、下半年大小非解禁量大幅增加等可能产生的投资风险，对当前不断波动下滑的资本市场给予差评。在我省居民社会保障水平普遍不高，与居民预期差距较大的情况下，捂紧"钱袋子"，谨慎入市投资，规避风险，金融投资信心明显不足。

五、结论与建议

2012 年上半年以来，四川经济运行态势总体良好，经济总量快速增长，特别是城乡统筹、结构调整、惠民工程初显成效。但是，经济生活中存在着诸多深层次矛盾和问题。当前，四川工业经济增幅同比回落，投资保持持续快速增长难度加大，物价上涨压力依然存在，节能减排和淘汰落后产能任务艰巨。宏观政策调控应进一步增强政策的针对性、灵活性和前瞻性，根据形势变化适时适度进行预调微调，坚持"稳增长与调结构、转方式并重"的发展方针和"稳中求进"的调控政策基调，尽力保持投资、消费和出口需求的稳定增长，特别防止我省经济增速受多重因素作用而过快下滑。同时，加大结构调整和改革力度，防止过度放宽调控政策，重归旧的增长方式。更重要的是，要将经济发展的宗旨切实落脚于改善民生、促进消费增长，扎实推进全面小康社会建设进程。

为此，首要的是加快发展、科学发展，加快壮大经济实力，增强西部地方政府调控经济、改善民生的能力，特别抓住西部大开发和成渝经济区建设契机，深入推进"两化"互动，加快提升全省城镇化水平，积极发展现代服务业，扎实推进连片扶贫开发，为消费需求持续增长奠定坚实的财力物力基础。当前，我们认为：

第一，需要普遍提高各级干部转变经济发展方式的必要性和紧迫性认识，确立"民富为重"的意识，将更大的精力和更多的财力用于保障和改善民生，特别要采取得力措施，解决低收入群体的实际困难，切实提高我省城乡居民收入水平，提高消费能力；

第二，需要切实缓解收入—消费领域中高低悬殊的矛盾，尽力多做利于缩小收入和消费差距之事，尽力不出台扩大收入和消费差距的政策；

第三，需要积极培育和扩大我省中等收入群体，营造消费导向的社会动力和社会基础；

第四，需要积极推进基本公共服务均等化，加快公共服务领域的转型与改革力度，引导居民改善未来生活预期，增加即期消费需求；

第五，需要充分利用国家当前实施诸如鼓励低能源消费的系列措施，出台更积极的地方配套政策；

第六，需要各级政府将切实保障消费者权益，打击假冒伪劣商品和服务，作为惠民工程的重要内容举措，努力营造文明科学健康的消费环境和条件，以实际行动获得城乡居民实实在在的拥戴，建设更加美好的和谐四川、幸福四川。

2012 年三季度
四川消费者信心指数报告

第一部分　2012 年三季度四川消费者信心指数编制及分析

一、信心指数调查及编制

2012 年第三季度四川消费者信心指数采用面向全省各市州抽样调查，回收问卷分析计算的方式编制。本季度指数编制，充分借鉴了历次指数编制的经验，比照 2011 年同期及上季度的抽样方式和调查方式，并在样本分布、访问方式上进行了相应改进。其情况说明如下：

（一）抽样方式

为保证样本质量，第三季度的抽样方式采取盖洛普抽样法。

本次抽样基于四川省人口分布特点，在地区、城乡、性别、收入、年龄、文化程度6个方面对抽样制定精确配额；在样本回收后，又仔细进行检验和复查，剔除不合格的样本，有效保证了样本与总体的一致性，减小抽样误差。

（二）调查方式

2012年第三季度四川消费者信心指数调查采用以问卷面访调查为主，雅典娜电话调查系统（Athena CATI）为辅的调查方式。即对全省年龄在18～69岁之间的常住居民（外籍人士除外）进行抽样调查，根据调查内容精心设计调查问卷；派遣访员在全省除甘孜州以外的20个市（州）进行入户面访调查，甘孜州采用电话调查。

（三）样本量及分布情况

按全省21个市（州）人口数，依比例分配各地样本数。鉴于按计划样本数，攀枝花市、雅安市、阿坝州和甘孜州尚不及50份，为保障这些地区样本的代表性，均将计划样本扩充到50份，同时对极少数不合格的回收问卷，采用了电话调查补充。全省计划样本数2000，实际发放调查问卷2125份，回收有效问卷2005份，电访补充调查有效问卷156份，总有效样本2161份。各地区有效调查样本数，见表1：

表1　　　　2012 年第三季度各市、州有效调查样本数

市（州）	样本数	市（州）	样本数	市（州）	样本数
成都市	248	遂宁市	100	达州市	155
绵阳市	132	内江市	100	雅安市	50
自贡市	74	乐山市	85	巴中市	89
攀枝花市	50	南充市	181	资阳市	101
泸州市	115	眉山市	82	阿坝州	50
德阳市	87	宜宾市	117	甘孜州	50
广元市	71	广安市	109	凉山州	115

二、2012 年第三季度四川消费者信心指数

2012 年第三季度四川消费者信心指数如下：

（一）总指数

2012 年第三季度四川消费者信心指数总指数为 103.6，其中：现状评价指数为 101.4，预期信心指数为 105.8。2011 年一季度—2012 年前三季度各季度指数，见表 2 和图 1：

表2　2011 年第一季度—2012 年第三季度四川消费者信心指数

	2011 年				2012 年		
	一季度	二季度	三季度	四季度	一季度	二季度	三季度
总指数	107.1	103.2	100.2	105.3	103.3	104.6	103.6
现状评价指数	104.1	99.1	95.5	100.6	98.9	100.6	101.4
预期指数	110.1	107.4	105.0	110.0	107.7	108.6	105.8

2012 年第三季度四川消费者信心指数总指数较上季度环比小幅回落 1 个百分点，较 2011 年同期同比上升 3.4 个百分点。其中，现状评价指数环比和同比分别上升 0.8 和 5.9 个百分点；预期指数环比回落 2.8 个百分点，同比小幅上升 0.8 个百分点。

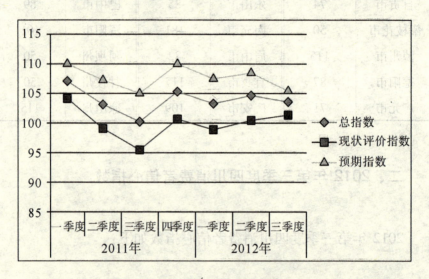

图 1　2011—2012 年第三季度四川消费者信心指数变化图

（二）分项指数

2011—2012 年前三季度四川消费者信心指数的各分项指数值及其变化情况，见表 3：

表 3   2011—2012 年前三季度四川消费者信心指数
各分项指数值

季　　度	2011 年				2012 年		
	一	二	三	四	一	二	三
现状指数	104.1	99.1	95.5	100.6	98.9	100.6	101.4
经济形势	110.6	104.9	101.5	108.4	102.6	103.9	103.1
就　业	110.5	106.1	103.2	110.3	105.1	108.9	108.1
收　入	85.9	97.2	87.3	97.6	93.3	96.8	95.6
耐用品购买	109.2	88.2	90.2	86.0	94.4	92.7	98.6
预期指数	110.1	107.4	105.0	110.0	107.7	108.6	105.8
经济形势	128.7	119.6	114.5	122.3	116.4	119.5	113.4
就　业	111.0	102.1	97.0	106.0	97.9	103.4	96.3
收　入	110.9	113.5	111.4	114.8	116.6	113.5	112.3
耐用品购买	89.9	94.4	96.9	97.0	99.7	98.2	101.2

2012 年第三季度各分项指数变动如下：

经济形势：现状指数环比回落 0.8 个百分点，同比上升 1.6 个百分点；预期指数环比回落 6.1 个百分点，同比回落 1.1 个百分点。

就业：现状指数环比回落 0.8 个百分点，同比上升 4.9 个百分点；预期指数环比回落 7.1 个百分点，同比回落 0.7 个百分点。

收入：现状指数环比回落 1.2 个百分点，同比上升 8.3 个百分点；预期指数环比回落 1.2 个百分点，同比上升 0.9 个百分点。

耐用品购买：现状指数环比上升 5.9 个百分点，同比上升 8.4 个百分点；预期指数环比上升 3.0 个百分点，同比上升 4.3 个百分点。

（三）分类指数

为了具体把握全省不同群体、不同层次、不同地区的消费者的信心强弱及其差异，本次调查依据城乡、收入、年龄、性别和地区等标识对消费者进行分类。各分类指数的情况如表 4 所示：

表 4　　　　2011 年第三季度四川消费者信心分类指数

分类标准 ＼ 年、季	2011 年				2012 年		
	一季度	二季度	三季度	四季度	一季度	二季度	三季度
城 乡							
城镇	107.9	105.2	100.9	106.0	103.2	106.0	103.8
农村	106.6	101.6	99.2	104.7	103.4	103.1	103.3
月收入（元）							
A. 2000 及以下	—	97.6	94.9	101.3	97.9	99.6	100.5
B. 2000～4000	—	104.2	103.2	105.8	104.7	105.4	105.1
C. 4000～6000	—	112.0	105.9	112.6	109.2	111.9	108.6
D. 6000 及以上	—	115.7	112.7	112.6	117.2	114.3	111.0
年 龄							
18～29 岁	106.8	108.5	102.2	108.3	100.7	107.1	103.6
30～39 岁	103.1	102.4	100.6	106.2	105.1	104.6	103.5
40～49 岁	102.9	99.3	98.7	102.6	102.4	102.5	101.3
50～59 岁	104.7	100.9	99.0	103.7	105.3	102.7	105.0
60～69 岁	111.9	108.0	99.32	105.7	106.0	108.1	111.4

表4(续)

年、季 分类标准	2011 年				2012 年		
	一季度	二季度	三季度	四季度	一季度	二季度	三季度
性　别							
男	106.8	104.6	99.9	105.7	103.7	104.6	103.7
女	104.2	102.1	100.6	104.9	102.8	104.6	103.0

注：①"—"代表数据缺失。②2012 年第三季度以前的个人月收入（元）4 个组的标识为：1500 及以下、1500～3000、3000～5000、5000 及以上，本季度依据实际情况做了调整。

2012 年第三季度各分类指数变动如下：

城乡消费者信心指数：城镇消费者信心指数环比回落 2.2 个百分点，农村消费者信心指数略微上升 0.2 个百分点，城乡消费者信心有少许差异。

不同收入群体消费者信心指数：高收入阶层（D）的信心指数延续上个季度下降态势，环比继续回落 2.9 个百分点，同比回落 1.4 个百分点；中上收入阶层（C）信心指数环比下降 3.3 个百分点，同比提升 2.9 个百分点。低收入（A）、中等收入（B）阶层信心指数环比基本持平。

不同年龄消费者信心指数：从环比看，各年龄段消费者的信心指数有升有降，青年消费者（18～29 岁）、中青年消费者（30～39 岁）和中年消费者（40～49 岁）信心指数出现不同幅度的回落，中老年消费者（50～59 岁）和老年消费者（60～69 岁）信心指数上升；从同比看，各年龄段消费者信心指数均出现上升。

不同性别消费者信心指数：男女消费者的信心指数环比分别小幅回落 0.9 个百分点和 1.6 个百分点；男女消费者信心指数同比分别上升 3.8 个百分点和 2.4 个百分点。

不同地区消费者信心指数：2012 年第三季度全省各市州消费者的信心指数有升有降，大部分市（州）与上季度相比变化幅度不大。见表 5：

表 5　2012 年二至三季度四川省各市（州）消费者信心指数

市（州）	二季度	三季度	市（州）	二季度	三季度	市（州）	二季度	三季度
成都市	104.0	105.2	泸州市	102.1	104.4	遂宁市	108.2	108.5
绵阳市	98.6	102.8	广元市	108.5	103.4	雅安市	96.6	110.5
内江市	101.8	98.9	德阳市	108.1	115.1	广安市	104.3	103.2
眉山市	104.0	103.7	自贡市	104.6	95.4	宜宾市	103.8	107.4
攀枝花市	97.9	91.5	资阳市	106.8	104.3	南充市	103.2	100.3
达州市	103.0	101.2	乐山市	103.0	94.6	甘孜州	119.0	98.0
巴中市	111.8	110.2	凉山州	105.3	102.0	阿坝州	112.6	114.1

三、2012 年第三季度四川消费者信心指数分析

依据 2012 年第三季度总指数、分项指数及各分类指数变动情况，做出如下基本分析：

（一）总指数

总指数（103.6）保持在中值以上，较上季度环比小幅回落

1.0 个百分点，与 2011 年同比上升 3.4 个百分点，表明我省城乡消费者对当前经济形势、收入、就业及消费市场状况的总体感受及预期继续企稳，基本符合我省当前经济社会态势。

2012 年上半年全国 GDP 同比增长 7.8%，其中，一季度增长 8.1%，二季度增长 7.6%，增幅为 3 年来最低。这主要受欧美需求收缩，国内中长期经济增长潜力下降的影响，与此同时，经济增速仍然保持在预期范围之内，农业形势走好，物价涨幅回落，经济结构调整推进，改革开放深化，城乡居民生活进一步改善，社会保持和谐稳定。进入第三季度以来，经济发展基本保持上半年变动趋势，这是我省城乡居民信心指数趋于稳定的重要条件。

从四川看，2012 年上半年，全省地区生产总值（GDP）同比增长 13%，增速比全国平均水平高 5.2 个百分点，继续明显高于全国及西部平均水平，城乡居民收入增幅也高于全国平均水平。进入三季度以来，四川经济增速继续领跑全国，1~8 月，全省规模以上工业增加值同比增长 16.2%，增速比全国平均水平高 6.1 个百分点，其中，8 月份规模以上工业增加值同比增长 15.3%，增速有所回落，仍比全国平均水平高 6.4 个百分点。与此同时，1~8 月，全社会固定资产投资增幅与全国持平；社会消费品零售总额同比增长 15.5%，增速比全国平均水平高 1.4 个百分点；居民消费价格涨幅低于全国平均水平。这是我省城乡居民总体现状评价指数环比、同比均呈现上升态势的现实基础。

必须指出，当前我国和四川经济发展面临的国际环境仍然严峻，经济运行中存在着较多的问题和风险，经济下行压力持续加大。为此，在本季度调查中，多数消费者对能否保持经济平稳较快发展持谨慎乐观态度，少数持忧虑甚至悲观态度，这既表现在总体预期指数环比小幅回落，也表现在相关分类指数的变动中。

（二）分项指数

经济形势：现状指数（103.1）环比回落0.8个百分点，同比上升1.6个百分点。值得关注的是，我省消费者在对目前经济增长态势呈稳定性评价的同时，对预期半年的经济走势，表露出较为明显的担忧情绪（预期指数为113.4，环比回落6.1个百分点，同比回落1.1个百分点），这大体符合今年后期经济增长困难加重的现实，反映了消费者信心指数应有的预测功能。

就业：从全国情况看，尽管当前经济增速回调，而就业形势总体平稳，压力并不突出。在我省经济增长继续领跑且加大就业扶持力度的形势下，就业状况趋稳且持续改善，现状指数（108.1）环比回落0.8个百分点，同比上升4.9个百分点。但是，与预测未来经济增幅下滑相吻合，多数消费者特别是部分中高收入者，对未来半年就业形势流露出某种忧虑，预期指数（96.3），环比回落7.1个百分点，同比回落0.7个百分点，再次跌至中值以下。值得注意的是，这是4个分项预期指数中环比回落幅度最大项。

收入：在经济快速增长、劳动力成本上升的基础上，我省城镇居民上半年人均可支配收入突破万元，达10 700元，增长14.0%，增幅比全国平均水平高0.7个百分点；农民人均现金收入 4298.5 元，增长 17.2%，增幅比全国平均水平高 1.1 个百分点。进入第三季度后居民收入依然保持增长态势，但是，我省居民对其收入水平仍然低于全国平均数（上半年全国城镇居民收入 12 509 元）的状况仍不甚满意，其现状指数（95.6），虽然同比上升 8.3 个百分点，但低于中值，且环比回落 1.2 个百分点；同时，消费者仍然期待收入进一步增加，其预期指数（112.3）环比回落 1.2 个百分点，同比上升 0.9 个百分点；同时，仍然延续了 2011 年以来收入现状指数均低于中值水平，预期指数均高于中值水平，且现状始终低于预期的态势。

耐用品购买：今年以来，全国消费品零售总额名义增长呈现下滑走势，但由于消费价格同比下跌，扣除物价因素的消费额实际增势仍较强劲。我省 1～8 月社会商品零售额增长高于全国，其消费热点商品为食品饮料、服装鞋帽、建筑装潢材料等，1～8 月我省一般日用品和耐用消费品出厂价格（PPI）分别下降 1.4 个和 1.5 个百分点，影响消费价格下跌，消费者购买耐消品信心增强，其现状指数（98.6）环比和同比分别上升 5.9 个百分点和 8.4 个百分点，但仍然低于中值。值得肯定的变化是，本季度耐消品购买预期指数达 101.2，这是 2011 年第一季度本报告编制以来首次高于中值，其环比上升 3.0 个百分点，同比上升 4.3 个百分点，反映了今后一段时期，居民在收入持续增长基础上，对新兴耐消品的需求动力依旧充沛，增长势头有望延续。需要指出的是，在国家房地产调控力度持续不减的政策影响下，家用电器、汽车等类耐消品增势相对疲弱的态势短期内难有大的变化，当前要努力巩固和提升大宗消费品和服务的销售，特别要关注节能家电补贴政策的执行效果。

四、2012 年第三季度四川消费者信心指数辅助指标

为了全面分析四川城乡消费者信心指数的结果，使之更确切地反映我省城乡居民对经济社会发展的评价与预期，我们在调查、编制 2012 年第三季度四川消费者信心指数的同时，继续调查编制了"消费者信心指数辅助指数"，选取了物价满意度、物价预期、购房满意度、购房预期和金融投资预期 5 个指标。各辅助指标数值，见表 6 和图 2：

表 6　2012 年第三季度四川消费者信心指数辅助指标

	2011 年				2012 年		
	一季度	二季度	三季度	四季度	一季度	二季度	三季度
物价满意度	—	48.3	43.7	55.9	50.9	49.7	56.2
物价预期	57.9	69.2	60.2	80.9	73.5	74.4	73.0
购房满意度	—	76.1	70.8	78.1	81.2	83.9	91.5
购房预期	82.6	83.2	79.9	95.4	90.2	92.5	91.8
金融投资预期	30.5	40.9	51.0	28.5	46.3	32.5	45.3

总体来看，2012 年第三季度四川消费者信心辅助指标与上季度相比，出现以下变化：

第一，第三季度物价满意度指数（56.2）环比回升 6.5 个百分点。1～8 月，我省物价涨幅继续回落，居民消费价格指数

（CPI）同比上涨 2.7%，涨幅比全国平均水平低 0.2 个百分点，比 2011 年同期回落 3.2 个百分点。其中，8 月份 CPI 同比上涨 1.8%，涨幅比全国低 0.2 个百分点，比 2011 年同期回落 3.5 个百分点。除食品类价格上涨 5.0%、衣着类价格上涨 10.9% 之外，其余多数类消费品价格涨幅下跌，虽然我省消费者对物价满意度指数仍然远低于中值，但本季度满意度明显上扬，但物价预期满意指数（73.0）却小幅下降 1.4 个百分点。值得关注的是，在当前国内实施"稳增长"、国际上美国出台新一轮量化宽松货币政策影响下，不能放松抑制通货膨胀，特别是防止食品类及国际输入的大宗商品价格涨幅过高。

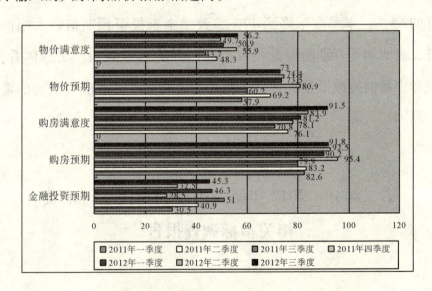

图 2　四川省消费者信心指数辅助指标季度变化图

第二，第三季度购房满意度指数（91.5）上升 7.6 个百分点，购房预期指数（91.8）小幅下降 0.7 个百分点。2012 年以来，国家对房地产调控力度不减，商品房销售面积同比下降，增幅同比降低，消费者购房满意度有所上升，但房价尚未实现回落的预期目标；另一方面，受资金环境改善以及改善性住房需求预期的作用，最近商品房成交量有所恢复，房价有"止跌反弹"迹象，房地产泡沫压力加大。因此，如果放松调控，任其房价继续上扬，消费者购房满意度难免又会下滑，这应当引起各级政府的高度重视。

第三，第三季度消费者金融投资预期指数（45.3）大幅回升12.8个百分点。尽管如此，本季度金融投资预期指数仍然位居"信心指数辅助指标"的末位，属于信心"悲观"之列。据调查数据分析，预期未来金融投资"非常不好"的消费者比例由上季度的68%，本季度下降到49%，致使金融投资预期指数大幅回升，表明消费者期盼金融投资市场回升的愿望强烈。从总体看，证券市场的持续低迷仍然是抑制大多数消费者"入市"投资的重要原因。

第二部分　2012年第三季度四川民生与消费相关指标调查报告

保障和改善民生是加快转变经济发展方式的根本出发点和落脚点。为更全面反映四川居民对经济社会发展的评价与预期，本研发中心在按季编制消费者信心指数及辅助指标的同时，2011年以来选取了3个季度，对民众高度关注的医疗、教育、社会保障、食品安全等4个民生领域进行了问卷面访调查，编制出"家庭主要消费支出"、"社会保障满意度评价"、"食品安全"、"生活环境评价"和"生活幸福感评价"5个指标，力求真实、客观地反映四川居民相应的民生诉求与感受，为政府、企业和社会各界全面把握民生状况，不断改善民生福利，提供决策参考。现将2012年第三季度我省民生及消费领域相关指标调查报告如下：

一、家庭主要消费支出

本次调查显示，四川城乡居民家庭开支排前4位的项目依次是：食品（21.4%——被访者占比，以下同）、子女教育（14.9%）、穿着（12.2%）和买房（6%），选择该4项支出的被访者总占比为54.5%，其他12个项目的各自占比均低于6%。当问及"除用于吃穿以外，近半年内您会将剩余的钱用在以下哪些方面"时，被访者占比排前4项的依次是：子女教育（16.4%）、储蓄（14.3%）、交纳保险和社保（或商业险）（9.1%）、做生意及其他投资（购买债券、股票等）（7.4%）。可见，子女教育、储蓄和社保等支出居家庭货币支出前列，与2012年一季度该项调查相比基本相同。见表7和表8：

表 7　2012 年第一、三季度四川居民家庭消费项目选择占比

项目	被访者占比（%）	
	一季度	三季度
食品	21.6	21.4
子女教育	13.9	14.9
穿着	12.9	12.2
买房	6.3	6.0
交房租及水电气费等	4.8	5.7
治病与保健	4.8	5.2
买家电、家具等消费品	4.7	4.8
保险及社保（或商业险）	4.6	4.3
房屋装修	4.3	4.3
储蓄	4.0	3.9
买汽车（含机动摩托车）	3.9	3.8
旅游等休闲娱乐	3.9	3.7
交通、通信费	3.6	3.4
做生意及其他投资（债券股票等）	2.9	3.0
偿还购房贷款	2.9	2.8
其他	0.8	0.7
总计	100.0	100.0

表 8　2012 年第一、三季度四川居民家庭剩余资金使用选择占比

项目	被访者占比（%）	
	一季度	三季度
子女教育	15.4	16.4
储蓄	14.7	14.3
交保险和社保（或商业险）	9.0	9.1

项目	被访者占比（%）	
	一季度	三季度
做生意及其他投资（债券股票等）	8.4	7.4
买家电、电脑、家具	7.6	7.0
治病与保健	6.5	6.9
交房租及水电气费等	6.2	6.8
旅游等休闲娱乐	5.9	6.3
交通、通信费	5.3	5.8
偿还购房贷款	5.2	5.6
买房	5.1	4.6
装修住房	4.9	4.4
买汽车（含机动摩托车）	4.0	3.7
其他	1.6	1.7
总计	100.0	100.0

二、社会保障满意度评价

参照消费者信心指数编制方法，社会保障满意度指数评价取 100 为中值，等于 100 表示满意度一般，大于 100 表示较为满意（乐观），小于 100 表示不满意（悲观）。从就业、养老、医疗、住房和教育等各项保障的调查数据看，对社会保障满意度的评价从高到低依次为：养老（108.37）、教育（108.16）、医疗（107.72）、住房（104.00）、就业（100.74）。见表9：

表9   2012 年第三季度四川居民对社会保障各项目满意度评价

	就业	养老	医疗	住房	教育
2012 年第三季度	100.74	108.37	107.72	104.00	108.16
2012 年第一季度	97.73	108.03	104.67	96.52	104.55
2011 年第三季度	93.36	104.40	97.62	82.43	102.21

从本报告 3 次调查结果看，2012 年第三季度各保障项目均超过中值，且保障满意度明显提升，显现了政府和社会在保障和改善民生方面的进步。迄今 3 次季度调查显示，养老满意度一直居于首位，医疗、教育和就业的满意度均稳步提升，本季度教育满意度超过医疗居第二位。

值得关注的是居民医疗保障力度仍然偏低。当被问及"您家能否负担得起一般医疗（门诊和短期住院）的支出费用"时，24.1% 的被访者表示能够负担，62.6% 的被访者表示基本上能够负担，而表示不能负担的居民占 13.3%，与 2012 年一季度该项调查数据基本一致，变化不明显。

调查显示，城乡居民之间以及不同年龄、职业、学历、区域和收入群体的居民，对社会保障的满意程度存在一定差异，而性别差异对社会保障满意程度无显著影响。不同年龄和收入消费者的满意度，见表 10、表 11：

表 10　　　　　　　　不同年龄群体社会保障满意度评价

年龄 ＼ 项目	就业	养老	医疗	住房	教育
18～29 岁	94.65	98.64	101.82	94.11	104.08
30～39 岁	102.20	103.65	106.35	102.30	102.29
40～49 岁	100.08	111.59	107.94	107.34	109.10
50～59 岁	104.75	116.32	111.42	111.76	115.48
60～69 岁	113.93	129.29	125.36	113.93	122.50

可见，60～69 岁群体对社会保障满意度的评价最高，各保障项均为乐观；18～29 岁群体的评价较低，对"就业"、"养老"和"住房"均为"悲观"；30～59 岁之间的 3 个年龄组对各项保障均表现为"乐观"，且年龄愈大，满意度愈高；18～59 岁之间4 个年龄组对就业、住房的满意度较之其他项目偏低，这就为我们提示了社会保障工作针对不同群体的着力领域及方向。

就业乃民生之本、安国之策。需要指出，对比 2012 年第一季度同项调查结果，59 岁以下 4 个年龄组对就业的满意度，除30～39 岁年龄组基本持平外，其余 3 个年龄组均明显提升，也与本季度消费者信心指数调查结果相吻合，表现了我省保障就业工作的进展。但是，面对当前调整结构，经济增速下降的态势，四川就业压力预期会有所增大，继续实施就业优先战略具有重要意义。

不同收入群体的社会保障满意度，见表 11：

表 11 　　　　　　不同收入群体社会保障满意度评价

项目 收入（元）	就业	养老	医疗	住房	教育
2000 以下	96.11	106.69	107.24	100.39	109.01
2000～4000	105.09	109.82	107.89	105.58	106.29
4000～6000	105.12	109.49	105.79	108.14	107.64
6000 及以上	102.11	111.05	115.79	119.47	116.84

从不同收入的居民看，月收入 2000 元以上的群体对社会保障的满意度明显高于月收入 2000 元及以下的低收入群体；在就业、养老和住房保障方面，低收入群体对就业保障的评价趋于"悲观"，在住房保障方面评价为"一般"。这与 2011 年第三季度和 2012 年第一季度 2 次调查结果基本一致，表明当前社会保障工作的重点仍然是低收入群体，尚需进一步加大对低收入群体的民生福利扶持力度。

三、食品安全

食品安全是重大的民生问题，关系人民群众身体健康和生命安全，也是扩大消费的重要前提条件。全面提高食品安全保障水平，已成为我国经济社会发展中一项重大而紧迫的任务。2012 年第三季度的调查显示，四川相当多数居民对当前食品安全表示担忧。对比本报告 3 个季度调查结果，认为食品安全问题"很严重"的被访者增加 1.2 个百分点；认为"很严重"和"比较严重"的被访者达 58%，与 2012 年第一季度调查结果基本持平，而比 2011 年第三季度大幅上升 13.6 个百分点，可见，目前食品安全问题的严重程度趋于加深。见表 12 和图 3：

表 12　2012 年第三季度四川居民对食品安全评价的
被访者占比（%）

	很严重	比较严重	一般	不太严重	不严重
2012 年第三季度	19.9	38.1	30.5	10.4	1.1
2012 年第一季度	18.7	39.6	32.1	8.9	0.7
2011 年第三季度	12.0	32.4	39.8	14.3	1.6

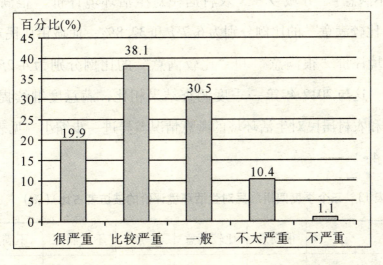

图 3　2012 年第三季度四川居民的食品安全满意度评价

　　分城乡看，本次调查中，有 23% 的被访城镇居民对食品安全问题表现出严重担忧，而农村居民对食品安全的重视程度较城镇居民低，仅有 15.2% 农村居民对食品安全表示有明显担忧。总之，制约食品安全的深层次问题尚未得到根本解决，亟须完善食品安全监管体制机制，健全政策法规体系，强化监管手段，提高执法能力，落实企业主体责任，提升诚信守法水平，促进食品安全形势稳定好转。

四、生活环境评价

本季度调查显示，四川居民对生活环境的满意度较高。38.7%的被访者表示对当地的生活环境"很满意"和"比较满意"，42.2%的被访者认为"一般"；仅有3.6%的被访者认为"很不满意"。分城乡看，农村居民对生活环境评价"很满意"和"比较满意"的比例分别为6.7%和32.8%；而城镇居民对生活环境评价"很满意"和"比较满意"的比例分别为4.2%和34%。这与2012年第一季度调查结果相比，满意度继续提升，城镇和农村居民对生活环境的满意情况差异进一步缩小。见表13和图4：

表13　三个季度四川居民对生活环境评价的被访者占比（%）

	很满意	比较满意	一般	不太满意	不满意
2012 年第三季度	5.2	33.5	42.2	15.4	3.6
2012 年第一季度	3.0	30.7	43.3	18.9	4.1
2011 年第三季度	3.0	30.9	47.7	15.1	3.3

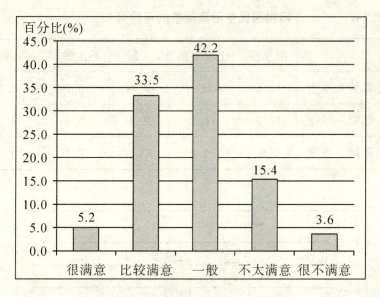

百分比(%)

图 4

五、生活幸福感评价

生活幸福感是民众对生活幸福程度的主观感受和对个人生活状况的总体性认知评估。本季度调查显示，四川居民生活幸福感程度较高。52.2%的被访者表示当前生活"比较幸福"和"很幸福"，40.8%的被访者认为"一般"。此外，不同年龄、性别、城乡、文化程度的居民对幸福感无显著差异，但是，收入水平越高的居民幸福感越强。对比三个季度该项调查结果，城乡居民幸福感总体呈上升趋势。见表14和图5：

表14		四川居民生活幸福感的评价（%）			
	很幸福	比较幸福	一般	不太幸福	不幸福
2012 年第三季度	11.5	40.7	40.8	5.7	1.3
2012 年第一季度	11.2	42.2	39.6	5.6	1.4
2011 年第三季度	9.9	38.2	43.6	7.1	1.2

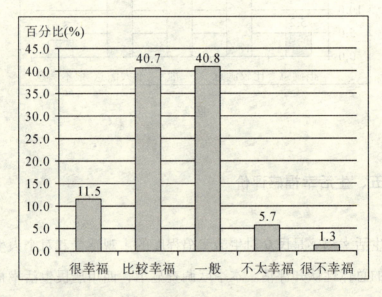

图5　2012年第三季度四川居民生活幸福感评价

依据四川消费者信心指数编制方法，得出各市、州消费者幸福感指数，见表15：

表 15　　2012 年第三季度四川各市(州)居民生活幸福感评价指数

市 (州)	幸福指数	市 (州)	幸福指数	市 (州)	幸福指数
成都市	129.84	泸州市	127.39	凉山州	123.04
绵阳市	132.20	广元市	133.10	遂宁市	130.00
内江市	121.00	德阳市	139.66	雅安市	131.00
眉山市	126.22	自贡市	112.84	广安市	123.39
攀枝花市	121.00	南充市	121.82	宜宾市	123.08
达州市	124.84	资阳市	127.72	阿坝州	138.00
巴中市	140.91	乐山市	120.59	甘孜州	152.68

　　需要指出的是，基于各地区人口数确定的调查样本数量上的差异，以及调查对象个体的差异，此处的"生活幸福感评价指数"可以有纵向的比较意义，而无横向可比性。

2012 年四季度
四川消费者信心指数报告

一、2012 年四季度四川消费者信心指数调查编制情况

2012 年四季度四川消费者信心指数采用面向全省各市（州）进行随机抽样和电话调查，回收问卷分析计算的方式编制。其情况说明如下：

1. 抽样方式。第四季度采取分层随机抽样调查方式，全省按照行政市（州）分为 21 层，根据各层的人口数按比例分配样本数，有效保证了样本与总体的一致性，减小抽样误差。在样本回收以后，又仔细进行了检验和复查，剔除少数不合格的样本，样本代表性得到保证。

2. 调查方式。2012 年四季度指数调查沿袭 2011 年四季度调查方式，根据调查内容精心制作调查问卷，对全省年龄在 18～69 岁之间的常住居民（外籍人士除外）进行抽样调查，全面采用雅

典娜电话调查系统（Athena CATI）进行电话调查。调查样本范围覆盖不同地区、性别、年龄、收入的城乡居民，符合四川省人口的地区分布、性别、年龄、收入等基本特征。

3. 样本量及分布情况。按全省各市（州）人口数，依比例分配各地样本数，由于攀枝花市、雅安市、阿坝州和甘孜州的计划样本数均不及 50 份，为保障这些地区样本的代表性，均将计划样本扩充到 50 份（实际回收样本见表 1）。全省计划样本数2000 份，实际回收有效样本 2365 份，总的有效样本为 2294 份。

表 1　　　　　　各市、州有效调查样本数

市（州）	样本数	市（州）	样本数	市（州）	样本数
成都市	248	遂宁市	97	达州市	172
绵阳市	131	内江市	100	雅安市	51
自贡市	78	乐山市	93	巴中市	94
攀枝花市	50	南充市	189	资阳市	122
泸州市	120	眉山市	91	阿坝州	50
德阳市	93	宜宾市	134	甘孜州	50
广元市	77	广安市	112	凉山州	116

二、2012 年四季度四川消费者信心指数

1. 总指数。2012 年四季度四川省消费者信心指数总指数为109.2，其中：现状评价指数为 104.7，预期信心指数为 113.7。2011—2012 年各季度四川消费者信心总指数，见表 2 和图 1：

表2   2011—2012 年各季度四川省消费者信心指数

	2011 年				2012 年			
	一季度	二季度	三季度	四季度	一季度	二季度	三季度	四季度
总指数	107.1	103.2	100.2	105.3	103.3	104.6	103.6	109.2
现状指数	104.1	99.1	95.5	100.6	98.9	100.6	101.4	104.6
预期指数	110.1	107.4	105.0	110.0	107.7	108.6	105.8	113.7

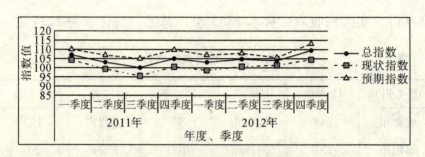

图1   2011—2012 年各季度四川消费者信心指数变化图

2012 年四季度四川消费者信心指数总指数环比上升 5.6 个百分点，同比上升 3.9 个百分点。其中，现状评价指数环比和同比分别上升 3.2 和 4 个百分点；预期指数环比上升 7.9 个百分点，同比上升 3.7 个百分点。

2. 分项指数。2011—2012 年四川消费者信心指数的各分项指数值及其变化情况，见表 3：

表3 2011—2012年各季度四川消费者信心指数各分项指数

季度	2011 年				2012 年			
	一	二	三	四	一	二	三	四
现状指数	104.1	99.1	95.5	100.6	98.9	100.6	101.4	104.7
经济形势	110.6	104.9	101.5	108.4	102.6	103.9	103.1	110.1
就 业	110.5	106.1	103.2	110.3	105.1	108.9	108.1	110.6
收 入	85.9	97.2	87.3	97.6	93.3	96.8	95.6	97.7
耐用品购买	109.2	88.2	90.2	86.0	94.4	92.7	98.6	100.1
预期指数	110.1	107.4	105.0	110.0	107.7	108.6	105.8	113.7
经济形势	128.7	119.6	114.5	122.3	116.4	119.5	113.4	125.6
就 业	111.0	102.1	97.0	106.0	97.9	103.4	96.3	108.8
收 入	110.9	113.5	111.4	114.8	116.6	113.5	112.3	113.4
耐用品购买	89.9	94.4	96.9	97.0	99.7	98.2	101.2	107.0

2012 年四季度各分项指数变动如下:

经济形势:现状指数环比上升 7 个百分点,同比上升 1.7 个百分点;预期指数环比上升 12.2 个百分点,同比上升 3.3 个百分点。

就业:现状指数环比上升 2.5 个百分点,同比上升 0.3 个百分点;预期指数环比上升 12.5 个百分点,同比上升 2.8 个百分点。

收入:现状指数环比上升 2.1 个百分点,同比上升 0.1 个百分点;预期指数环比上升 1.1 个百分点,同比回落 1.4 个百分点。

耐用品购买：现状指数环比上升 1.5 个百分点，同比上升 14.1 个百分点；预期指数环比上升 5.8 个百分点，同比上升 10 个百分点。

3. 分类指数。为了详细把握全省不同群体、不同层次、不同地区的消费者的信心强弱及其差异，本次调查依据城乡、收入、年龄、性别和地区等指标对消费者进行分类。各分类指数的情况见表 4：

表4　　2011—2012 年各季度四川消费者信心分类指数

年、季 分类标准	2011 年				2012 年			
	一季度	二季度	三季度	四季度	一季度	二季度	三季度	四季度
城　乡								
城　镇	107.9	105.2	100.9	106.0	103.2	106.0	103.8	109.2
农　村	106.6	101.6	99.2	104.7	103.4	103.1	103.3	109.1
月收入（元）								
A. 2000 以下	—	97.6	94.9	101.3	97.9	99.6	100.5	106.1
B. 2000 ~ 4000	—	104.2	103.2	105.8	104.7	105.4	105.1	110.2
C. 4000 ~ 6000	—	112.0	105.9	112.6	109.2	111.9	108.6	116.3
D. 6000 以上	—	115.7	112.7	112.6	117.2	114.3	111.0	119.5
年　龄								
18 ~ 29 岁	106.8	108.5	102.2	108.3	100.7	107.1	103.6	111.7
30 ~ 39 岁	103.1	102.4	100.6	106.2	105.1	104.6	103.5	106.3
40 ~ 49 岁	102.9	99.3	98.7	102.6	102.4	102.5	101.3	104.8
50 ~ 59 岁	104.7	100.9	99.0	103.7	105.3	102.7	105.0	108.8
60 ~ 69 岁	111.9	108.0	99.32	105.7	106.0	108.1	111.4	119.0
性　别								
男	106.8	104.6	99.9	105.7	103.7	104.6	103.7	110.6
女	104.2	102.1	100.6	104.9	102.8	104.6	103.0	107.6

城乡消费者信心指数：城镇消费者信心指数环比上升 5.4 个百分点，农村消费者信心指数环比上升 5.8 个百分点，城乡消费者信心指数基本一致。

不同收入群体消费者信心指数：无论从环比还是同比看，各收入阶层消费者信心指数均上升，低收入群体（月收入 2000 元以下）信心指数环比上升 5.6 个百分比点，增幅为全年各季度最高；值得关注的是，四季度高收入群体（月收入 6000 元以上）信心指数不同于前三个季度逐季下降态势，四季度上升达 8.5 个百分点。

不同年龄消费者信心指数：从环比看，各年龄段消费者信心指数均上升，其中，青年消费者（18～29 岁）、老年消费者（60～69 岁）信心指数上升幅度达 8 个百分点左右；同比看，各年龄段消费者信心指数均上升，其中，老年消费者信心指数上升幅度最大。

不同性别消费者信心指数：男女消费者信心指数均出现上升，男性消费者信心指数环比和同比均高于女性消费者。

不同地区消费者信心指数：2012 年四季度各地区消费者信心指数有升有降，仍然呈现大体均衡态势。见表 5：

表 5　2012 年三、四季度四川省各市（州）消费者信心指数

市(州)	三季度	四季度	市(州)	三季度	四季度	市(州)	三季度	四季度
成都市	105.2	110.4	泸州市	104.4	105.3	遂宁市	108.5	116.0
绵阳市	102.8	107.3	广元市	103.4	107.3	雅安市	110.5	110.9
内江市	98.9	108.1	德阳市	115.1	106.3	广安市	103.2	107.9
眉山市	103.7	108.7	自贡市	95.4	110.5	宜宾市	107.4	105.9
攀枝花市	91.5	106.5	资阳市	104.3	106.8	南充市	100.3	112.0
达州市	101.2	106.5	乐山市	94.6	107.3	甘孜州	98.0	121.3
巴中市	110.2	116.2	凉山州	102.0	106.6	阿坝州	114.1	113.5

三、2012 年四季度四川消费者信心指数分析

依据 2012 年四季度总指数、分项指数及各分类指数变动情况，做出如下基本分析：

（一）总指数

2012 年四季度四川消费者信心指数总指数为 109.2，为 2 年来最高值，较三季度环比上升 5.6 个百分点，较 2011 年同期上升 3.9 个百分点。现状评价指数和预期指数均达到 2 年来各季度最高值。

调研和编制四川消费者信心指数的 2 年来，一个明显的事实是：我国东、中、西部增长出现明显的差异性，全国已进入工业

化中后期，而四川则处于工业化中期阶段。在东部地区快速发展多年，相继进入结构调整、增速下行之时，四川、重庆、陕西、湖南等中西部地区快速崛起，正处于经济相对快速增长期。

2012 年三季度，我国经济增幅连续 7 个季度回落，自 9 月起开始呈现稳中缓升，四季度缓升态势更明显。面对复杂严峻的宏观经济形势，四川省委、省政府认真贯彻落实中央决策部署，将稳增长、加快发展放在突出的重要位置，牢牢把握"稳定增势、高位求进、加快发展"的工作基调，强化"产业兴省"的理念，采取有力措施，克服诸多困难，突出发展制造业，推进工业化和信息化深度融合，延续了近几年投资、消费和出口快速增长势头。2012 年前三季度，四川实现地区生产总值（GDP）17 536.5亿元，同比增长 12.8%，增速比全国平均水平高 5.1 个百分点，在经济总量前十个省中继续位列第一；前 11 个月，四川规模以上工业增加值同比增长 16.1%，增速比全国水平高 6.1 个百分点。其他主要经济指标增速在全国排位靠前，发展后劲显现。

在国家宏观经济结构调整、增速下行的情况下，我省经济持续快速增长、民生持续改善，确实难能可贵，对此，全省广大城乡居民给予了充分的肯定性评价。特别是四季度消费者信心指数调查之时，恰逢党的十八大胜利闭幕，城乡居民对十八大给予了积极评价，对经济发展、民生改善的前景信心进一步增强，这是四季度我省消费者信心总指数及其各分项指数均出现上扬的重要原因。

（二）分项指数

1. 经济形势。现状指数为 110.1，环比上升 7 个百分点，同比上升 1.7 个百分点；预期指数 125.6，环比上升 12.2 个百分点，同比上升 3.3 个百分点。对经济形势现状的积极评价，特别是对未来半年经济走势的乐观预期，成为四季度消费者信心指数的最大亮点，现状指数和预期指数均出现 2 年来最大的季度增幅。对经济形势的积极评判、乐观预期是消费者确立就业稳定、收入增长、消费水平提高的信心基础，也是政府和广大工商企业需要倍加珍惜和巩固的民情氛围，这就为 2013 年四川发展奠定了良好的社会基础。

现阶段四川经济特别是制造业处于快速增长期，保持追赶跨越发展态势的环境和条件不会有大的变化，但是，面对国际国内经济的严峻形势，四川调整经济结构，转变发展方式的任务仍然艰巨。关键问题是工业化与城镇化之间的不相适应，四川城镇化率仅为 41.8%，落后全国平均 10 个百分比点，位居全国后列；连续多年以投资增长为主要拉动，已经出现后续乏力的症候，2012 年前 11 个月，四川全社会固定资产投资 16 479.2 亿元，同比增长 19.9%，制造业投资增幅小幅下滑；目前新增投资项目的资金筹措及部分地区和传统产业的改造任务繁重。因此，按照调整经济结构，提高增长质量的要求，四川 2013 年保持较快经济增速会有较大的困难。

2. 就业。现状指数为 110.6，环比上升 2.5 个百分点，同比上升 0.3 个百分点；预期指数为 108.8，环比上升 12.5 个百分点，同比上升 2.8 个百分点。自 2012 年以来，尽管经济下行，但产业结构调整取得进展，加之劳动力供给增幅下降，全国就业基本稳定，西部地区经济增速快，就业增势明显。我省消费者对就业积极评价，特别就业预期指数增幅达 2 年来最高，表明消费者对十八大带来的稳定就业、改善民生的信心倍增，期盼强烈。

3. 收入。现状指数为 97.7，环比上升 2.1 个百分点，同比上升 0.1 个百分点；预期指数为 113.4，环比上升 1.1 个百分点，同比回落 1.4 个百分点。近年来国家和四川加大民生投入力度，提高了最低工资标准，规范了津补贴，提高了居民个人所得税的起征点，农村外出务工人员收入增幅较大等，扣除物价上涨因素后，城乡居民实际收入增幅均超过了 GDP 增幅，受到普遍肯定，四季度我省居民收入现状评价指数达到 2 年来最高。

与此同时，我省城乡居民收入仍低于全国平均水平，尽管该项指数环比上升达 2 年来的高点，但仍然与前七个季度相同，处在中值水平以下。同时，四季度该项指数也延续了预期值高于中值且大于现状值的特征。值得注意的是，四季度预期指数与去年同比小幅回落，成为四季度消费者信心指数四个分项指标中唯一的下降项。可见，面对我省广大人民的期盼，必须坚持经济增长与惠及民生同步，以更大的精力和更多的财力用于保障和改善民生，特别要注重解决低收入群体的实际困难，切实提高我省城乡居民收入水平。只有在收入提高基础上，才能更有效地培育消费热点，释放消费潜力，增强消费需求促进经济发展和社会进步的推动力。

4. 耐用品购买。现状指数为100.1，环比上升1.5个百分点，同比上升14.1个百分点；预期指数为107，环比上升5.8个百分点，同比上升10个百分点。四川2012年1～11月社会消费品零售总额为8170.05亿元，同比增长15.8%，高于前三季度15.5%的增幅，表明进入四季度消费增幅加大。伴随居民收入增加，落实节能家电补贴政策，耐用消费品升级换代节奏加快，再加之年末季节性因素，全省耐消品市场销势走旺。需要肯定的是，四季度耐消品购买的现状评价指数和预期指数均高于中值水平，现状指数达近七个季度以来的最高点，预期指数达2年来最高点。生产和流通企业应高度珍惜消费者积极性，充分发挥市场规律调节作用，加大新兴耐消品营销力度，营造良好的营销服务环境，积极培育新的消费热点，推进全省消费市场进一步繁荣。

四、2012年四季度四川消费者信心指数辅助指数

为了全面分析四川城乡消费者信心指数的结果，使之更确切地反映我省城乡居民对经济社会发展的评价与预期，我们构建了消费者信心指数辅助指数，与消费者信心指数一并同步调研。2012年四季度调查的5个辅助指标依次是：物价满意度、物价预期、购房满意度、购房预期和金融投资预期，其指数数值见表6。

表6 2011—2012 年各季度四川 CCI 辅助指标分季指数

	2011 年				2012 年			
	一季度	二季度	三季度	四季度	一季度	二季度	三季度	四季度
物价满意度	—	48.3	43.7	55.9	50.91	49.7	56.2	56.8
物价预期	57.9	69.2	60.2	80.9	73.5	74.4	73.0	73.8
购房满意度	—	76.1	70.8	78.1	81.2	83.9	91.5	90.2
购房预期	82.6	83.2	79.9	95.4	90.2	92.5	91.8	97.2
金融投资预期	30.5	40.9	51.1	28.5	46.3	32.5	45.3	21.3

总体来看，2012 年第四季度四川消费者信心辅助指数与上季度相比，出现以下变化：

1. 消费价格满意度及预期。从环比看，四季度物价满意度指数为 56.8，小幅上升 0.6 个百分点；预期指数为 73.8，小幅上升 0.8 个百分点，但是，城乡消费者对物价的满意度仍然远低于中值水平。1~11 月，四川居民消费价格涨幅继续回落，居民消费价格指数（CPI）同比上涨 2.5%，涨幅比全国平均水平低 0.2 个百分点，比 2011 年同期回落 3 个百分点。进入 11 月，四川 CPI 同比上涨 2.4%，涨幅比全国平均水平高 0.4 个百分点。当前经济减速过程中总供求矛盾明显缓解，总体通胀压力减小。四川作为农业大省，稳定粮食、猪肉及其他农副产品价格具有有利条件，但是，在城镇化建设步伐加快进程中，如果处置不当，则易于忽视农业生产。要保持物价总水平基本稳定，宏观调控物价任务仍然艰巨，丝毫不能放松。

2. 购房满意度及预期。四季度购房满意度指数为 90.2，环比下降 1.3 个百分点；购房预期指数为 97.2，环比上升 5.4 个百分点。2012 年中期以来房地产市场呈现回暖迹象，商品房成交量有所恢复，房价止跌且小幅上扬。预期房地产政策调控因素将会减弱，房地产投资将趋稳。四季度消费者购房满意度预期出现上升，反映了房地产市场实际状况。当前，中央已明确"继续坚持房地产市场调控政策不动摇"的方针，这是保障居民切身利益的重要决策。但是稳定房地产投资和稳定房价面临两难选择，既要稳经济又要防止房价过快上涨成为当前宏观调控的难题。

3. 金融投资预期。四季度消费者金融投资预期指数为 21.3，环比大幅下降 24 个百分点，降至 2 年来的最低点。本次调查中，金融投资者普遍对证券市场的长期低迷，股市严重背离宏观经济基本面的状况感到失望，难以理解，甚至提出不少尖锐的批评意见。股市低迷不振，对我国经济及其居民投资信心产生负面影响，会降低或抵消积极财政政策的效应；居民"财富效应"严重缩水，会减少消费支出，影响消费需求拉动经济增长的能力；同时，股市持续下跌，也会进一步引发金融风险。为此，亟待避免政策性因素的变化及不确定性产生的巨大震荡，重塑金融投资信心。

附：四川消费者信心指数的编制及两年来的运行情况

任栋　夏一凡　王青华　董春

一、消费者信心指数的编制与发布概况

消费者信心指数（Consumer Confidence Index，CCI）是反映消费者信心强弱的综合指标。在发达市场经济体，居民消费占GDP的比重大，是直接引致经济增长与波动的最重要的影响因素。消费者信心指数在相当大程度上直接反映居民对经济走势的判断及消费意愿，因而引起了发达市场经济国家政府、学界乃至普通公民的高度重视，成为警示社会经济走向的重要宏观经济景气指标，并在影响全社会消费、就业以及企业生产经营和投资决策等方面发挥着十分重要的作用。20世纪40年代，美国密西根大学调查研究中心为了研究消费需求对经济周期的影响，首先编

制了消费者信心指数（以下简称"密西根指数"）。至今，美国、欧洲各国、日本、澳大利亚和中国等都编制并发布了自己的消费者信心指数。尽管各国消费者信心指数的具体编制方法不尽相同，但基本思路却大同小异，即参照密西根指数的设计思路，把消费者信心指数看作由消费者预期指数（ICE）和消费者现状指数（ICC）构成。其中，ICE 反映消费者对收入和总体经济走势的态度；ICC 反映消费者对当前各种经济条件和购买时机的看法，消费者信心指数（CCI）则综合反映消费者对当前经济状况的满意程度和对未来发展的信心。

我国实施以市场需求为导向的改革以来，消费需求对经济增长的拉动与制约作用显著提升。国家统计局于 1997 年 12 月开始调查编制中国消费者信心指数。目前，国家统计局景气监测中心发布的中国消费者信心指数（与国际著名的调研机构尼尔森公司合作编制），每月编制发布一次，是国家层面的独立第三方研究机构编制、发布频率最高的指标。

中国消费者信心指数系通过对全国 20 个主要城市消费者进行随机抽样的调查问卷编制而成。调查问卷主要涉及 5 个方面：受访者对当前经济形势的判断、对家庭收入的看法、对目前购买商品时机的判断及对未来整体经济的判断以及对自身收入的评判。经过 10 多年的实践，中国消费者信心指数已成为中国经济景气指数体系的有机组成部分，日益受到国内外的关注。目前，北京、上海、福建、浙江、江西、广东和山东等多个省市的统计部门或高等院校也编制和发布了本地消费者信心指数。西南财经大学自 2011 年第一季度起正式编制和发布的四川消费者信心指数填补了我国西部地区消费者信心指数的空白。

二、四川消费者信心指数的编制

（一）指数构成

为了保持与国内外同类指数的可比性，四川消费者信心指数也由现状评价指数（或称满意指数）和预期指数两大指数构成，这两大指数又都由经济发展、就业、收入以及耐用消费品四个核心的分项指数构成。

（二）调查内容与指数计算

为了更全面深入分析消费者信心指数的特征及其影响因素，调查内容不仅包括经济发展、就业、收入水平以及耐用消费品购买等核心问题，也涉及物价、房地产、金融投资等诸多方面的问题。调查问卷涉及多方面的问题。依据消费者的评价，每个问题的回答选项分为很好（非常乐观）、较好、一般（中性）、较差和很差（非常悲观）5 个等级，分别赋予分值 200、150、100、50、0。然后通过对调查数据汇总，计算出受访者选择每个选项的比例（P_1、P_2、P_3、P_4、P_5），再计算每个问题的单项指数。计算公式为：

$$I_i = 200 \times P_1 + 150 \times P_2 + 100 \times P_3 + 50 \times P_4 + 0 \times P_5。$$

最后将有关的单项指数平均分别计算出满意指数和预期指数，并根据满意指数和预期指数算术平均计算出消费者信心指数。上述计算方法不仅适合于全省的指数计算，也适合对不同类别的消费者群体计算分类指数，主要有按城乡、地区、年龄、性别、文化程度和职业等对消费者进行分类的信心指数，以满足从不同角度进行更详细、更全面地比较分析和深入研究之需要。

根据国际惯例，消费者信心指数取值在 0～200 之间，100 为中值，表明消费者的满意程度为一般或预期未来境况不变，0 表示非常不满意或预期未来境况会变得非常糟糕，200 表示非常满意或预期未来境况会变得非常好。数值越大，表示消费者整体信心越强；反之越弱。

（三）调查方法和抽样方式

四川消费者信心指数的调查对象为全省年龄在 18～69 岁之间的常住居民（外籍人士除外），采用面向全省各市（州）进行随机抽样的面访调查和电话调查两种方式获得调查数据。其中，每年一季度和三季度的调查数据主要以面访调查方式取得，二季度和四季度的调查数据主要以电话调查方式取得。采用这种调查方式的主要原因是调查人员为西南财经大学师生，可以充分利用寒暑假进行可信度更高、内容更丰富的面访调查，二季度和四季度主要依靠雅典娜电话调查系统（Athena CATI）进行较为简便快捷的电话调查。

在抽样方式上，四川消费者信心指数的调查主要采取分层随机抽样调查方式，全省按照行政市（州）分为 21 层，根据各层的人口数按比例分配样本数，有效保证了样本与总体的一致性，减小抽样误差。在样本回收以后，再仔细进行检验和复查，剔除不合格样本，使样本代表性得到充分保证。调查样本范围覆盖不同地区、性别、年龄、收入的城乡居民，符合四川省人口的地区分布、性别、年龄、收入等基本特征。

（四）样本量及分布情况

按照 95% 的置信度，每季度在全省抽取 2000 名被访者构成调查样本，按全省各市（州）的人口总数，依比例分配各地样本数。由于攀枝花市、雅安市、阿坝州和甘孜州的计划样本数均不及 50 份，为保障这些地区样本的代表性，均将计划样本扩充到 50 份。以 2012 年四季度为例，全省计划样本数 2000，实际回收有效样本 2368 份。样本分布如表 1 所示：

表 1　　　　　　　各市、州有效调查样本数

市（州）	样本数	市（州）	样本数	市（州）	样本数
成都市	248	遂宁市	97	达州市	172
绵阳市	131	内江市	100	雅安市	51
自贡市	78	乐山市	93	巴中市	94
攀枝花市	50	南充市	189	资阳市	122
泸州市	120	眉山市	91	阿坝州	50
德阳市	93	宜宾市	134	甘孜州	50
广元市	77	广安市	112	凉山州	116

三、四川消费者信心指数及其分项指数的变动特征

两年来，四川消费者信心指数及其各分项指数运行情况如表2和图1所示：

表2　2011—2012年各季度四川消费者信心指数各分项指数

年、季度 指数	2011 年				2012 年			
	一	二	三	四	一	二	三	四
消费者信心指数	107.1	103.25	100.25	105.3	103.3	104.6	103.6	109.2
现状指数	104.1	99.1	95.5	100.6	98.9	100.6	101.4	104.7
经济形势	110.6	104.9	101.5	108.4	102.6	103.9	103.1	110.1
就　　业	110.5	106.1	103.2	110.3	105.1	108.9	108.1	110.6
收　　入	85.9	97.2	87.3	97.6	93.3	96.8	95.6	97.7
耐用品购买	109.2	88.2	90.2	86.0	94.4	92.7	98.6	100.1
预期指数	110.1	107.4	105.0	110.0	107.7	108.6	105.8	113.7
经济形势	128.7	119.6	114.5	122.3	116.4	119.5	113.4	125.6
就　　业	111.0	102.1	97.0	106.0	97.9	103.4	96.3	108.8
收　　入	110.9	113.5	111.4	114.8	116.6	113.5	112.3	113.4
耐用品购买	89.9	94.4	96.9	97.0	99.7	98.2	101.2	107.0

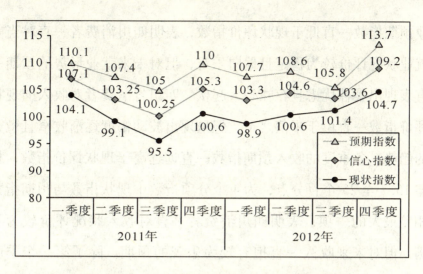

图1 2011—2012年各季度四川消费者信心指数

从表2或图1可见，四川省消费者信心指数一直稳定在中值100之上窄幅波动，预期指数一直高于现状指数，但两者的波动方向基本一致，相关系数为0.8，也表明两者呈较强的正相关。

再从4个分项指数来看，与信心指数相关性最强的是经济形势和就业，信心指数与经济形势现状指数和预期指数的相关系数分别高达0.9和0.84，信心指数与就业现状指数和预期指数的相关系数分别高达0.89和0.85。信心指数与收入现状指数和预期指数的相关系数分别仅有0.26和0.01，与耐用品购买现状指数和预期指数的相关系数分别仅有0.56和0.26。

在过去8个季度中，经济形势的现状指数一直位于中值之上，而预期指数一直高出现状评价指数10个百分点以上，表明四川消费者对经济走势一直持偏向乐观的预期。四川省消费者对就业的现状评价指数也一直位于中值之上窄幅波动，但与其他3个分项指数明显不同的是，除了第一个季度外，其余各季度的就业预期指数一直低于现状评价指数，表明四川消费者一直对当前就业状况评价较为稳定且偏向乐观，但对未来就业形势的预期一直表现出某种忧虑且存在较大起伏。四川省消费者对收入的现状评价指数一直位于中值之下，但呈现出波动幅度逐渐收窄且微升的趋势；各季度的收入预期指数一直远远高于现状评价指数，相差15.7至25个百分点，为4个分项指数中现状指数与预期指数相差最大的一项，表明四川消费者一直对收入状况评价较为不满，但对未来收入一直抱有较为乐观的预期。除了第一个季度外，四川省消费者对耐用品购买的现状评价指数一直低于预期指数，但两者都呈现出盘升的态势，现状评价指数于2011年第四季度回升至中值，预期指数2011年第三季度达101.2，是本报告编制以来首次高于中值，第三季度继续升至107。显示四川省消费者购买耐消品的信心逐渐增强。

再从不同角度的分类所计算的信心指数来看，城乡消费者信心指数的变动非常同步，除2012年第二季度基本一致外，城镇消费者信心指数都略高于农村消费者信心指数，但相差大多不足1.7个百分点，只有两年第二季度的差值分别达到3.6和2.9个百分点。

从收入分类指数来看，各季度的信心指数都呈现出收入越高则信心指数越高的特征。从的变动态势看，各收入组的信心指数基本一致，2000~4000元收入组的信心指数最稳定，最低收入组的信心指数大多低于中值但2012年后呈稳定上升态势，其余各组的信心指数都在中值之上波动，2012年第四季度都有较大幅度回升。如图2所示：

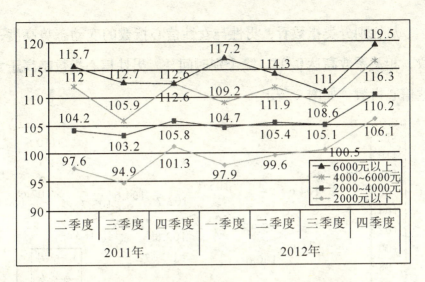

图 2 不同收入等级的消费者信心指数变动图

从年龄分类指数看，多数时候，高年龄组的信心指数最高，而 40~49 岁中年组的信心指数最低，低年龄组的信心指数起伏较大。如图 3 所示：

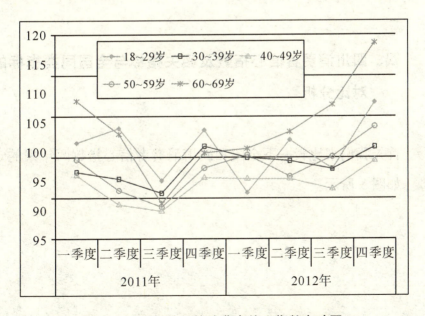

图 3 不同年龄组的消费者信心指数变动图

从性别分类指数看，男性与女性信心指数的变动态势高度一致，相关系数高达 0.93。除个别时间外，男性信心指数略高于女性信心指数。如图 4 所示：

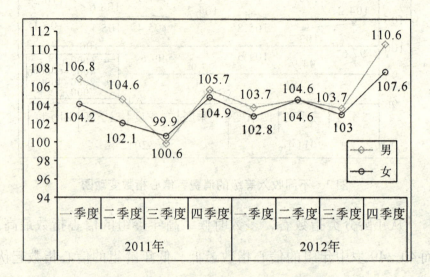

图 4　不同性别的消费者信心指数变动图

四、四川消费者信心指数及相关指标与全国同类指标的对比分析

首先我们来比较一下全国和四川消费者信心指数两年来的走势。如图 5 所示：

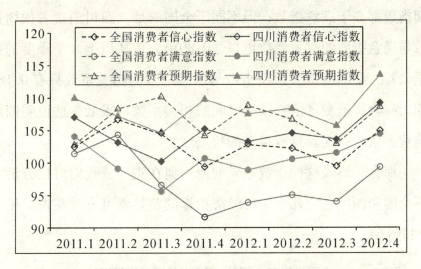

图5　2011—2012 年各季度全国和四川消费者信心指数变动图

随着欧债危机不断深化对我国宏观经济的影响，以及我国经济内在问题的显露，在过去两年中，我国经济出现了下行的趋势特征，这在消费者信心指数之上也有明显的体现。对于四川经济发展而言，不可避免地受到国际国内经济形势的一些冲击和影响，但同时又是一种机遇。四川不仅是自然资源和劳动力资源大省，同时又具有经济发展程度相对较低和劳动力价格相对较低的优势，这就为我省承接东部的产业转移创造了机遇。由于受到这两种因素的影响，四川消费者信心指数也基本呈现出一种相对平稳的态势。

从图5 可以看出，除 2011 年第二、三季度之外，四川消费者信心指数都高于全国的消费者信心指数，体现出四川消费者总体信心强于全国平均水平。尤其是满意指数，从 2011 年四季度起，四川一直高出全国 5 个百分点以上。从预期指数看，也是四川大多高于全国。全国与四川消费者信心指数共同的特点是：预期指数都高于满意指数；但不同于全国的是，四川消费者预期指数与满意指数的相关系数更高（0.801），仅从以上 8 个季度的数据来看，全国消费者预期指数与满意指数的相关系数只有 0.18。四川与全国消费者信心指数之间的相关系数也很低，这说明四川消费者信心的变动具有自身的特点。

那么，形成这种指数差异的原因何在呢——我们对比分析一下全国和四川省的几个主要经济指标的差异就可发现端倪。见表 3 和图 6：

表 3　　　　四川省与全国的 GDP 增长率对比情况

年度、季度	四川		全国	
	地区生产总值（累计数,亿元）	同比增长（%）	国内生产总值（累计数,亿元）	同比增长（%）
2011.1	4257.59	15.0	97 418	9.8
2011.2	9370.57	14.8	206 369	9.6
2011.3	15 468.28	14.7	322 125	9.5
2012.4	21 026.68	15.0	472 882	9.3
2012.1	4943.28	13.1	108 418	8.1
2012.2	10 603.91	13.0	227 905	7.8
2012.3	17 536.51	12.8	353 480	7.7
2012.4	23 849.80	12.6	519 322	7.8

注：这部分图表中的累计数都是指本年度初至当期的累计数。

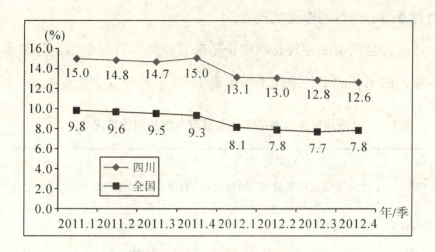

图6　四川省与全国 GDP 同比增长率走势对比

由前述可知，四川消费者信心指数通常高于全国消费者信心指数 5 个百分点左右。表 3 或图 6 显示，四川省 GDP 同比增长率近两年来也是高于全国 GDP 同比增长率 5 个百分点左右。事实上，这并非巧合。我们根据中国消费者信心指数及诸多宏观经济变量长期时间序列所建立的计量经济模型的实证研究表明：在消费者信心指数的形成机制中，首要的影响因素是国内生产总值发展速度，它在消费者信心指数的形成中起主要作用，其影响力达到 53.2%；城镇居民登记失业率在 CCI 形成中起第二位作用，其影响力达 20.8%；而房地产开发综合景气指数影响力居第三位，达 13.6%；居民消费价格同比指数影响力达 11.1%。这 4 个因素对 CCI 影响力之和已超过总影响力的 98%。而且，在 CCI 的四大主要影响因素中，国内生产总值指数、房地产开发综合景气指数构成影响 CCI 的同向变动影响因素；城镇居民登记失业率和居民消费价格同比指数为影响 CCI 的负向变动影响因素。这就是中国消费者信心指数的形成机理。

从社会消费品零售总额增长率来看，四川省与全国走势基本一致，四川省的增长率比全国略高1~2个百分点。见表4：

表4　　　四川社会消费品零售总额与全国的对比情况

年度、月	四川		全国	
	社会消费品零售总额（本月止累计,亿元）	同比增长（％）	社会消费品零售总额（本月止累计,亿元）	同比增长（％）
2011. 3	1793.10	17.0	42 921.8	16.3
2011. 6	3707.71	18.0	85 832.7	16.8
2011. 9	5653.10	17.9	130 810.8	17.0
2011. 12	7837.38	18.1	181 225.8	17.1
2012. 3	2092.60	16.7	49 318.8	14.8
2012. 6	4298.25	15.9	98 221.6	14.4
2012. 9	6527.85	15.5	149 422.0	14.1
2012. 12	9087.90	16.0	207 166.7	14.3

从固定资产投资完成额增长率指标来观察，从2012年起，四川省固定资产投资完成额增长率一跃超过全国该指标，对四川省宏观经济起到了明显的支撑作用。见表5、图7：

表5　　四川省固定资产投资完成额增长与全国的对比情况

年度、月	四川		全国	
	固定资产投资完成额（本月止累计,亿元）	同比增长（％）	固定资产投资完成额（本月止累计,亿元）	同比增长（％）
2011. 2	1406.24	23.0	17 444.16	24.9
2011. 5	5370.99	20.3	90 254.51	25.8

年度、月	四川		全国	
	固定资产投资完成额（本月止累计,亿元）	同比增长（%）	固定资产投资完成额（本月止累计,亿元）	同比增长（%）
2011. 8	9352. 28	19. 7	180 607. 62	25. 0
2011. 11	13 739. 60	17. 5	269 452. 12	24. 5
2012. 2	1865. 28	28. 2	21 188. 83	21. 5
2012. 5	6743. 02	21. 6	108 924. 21	20. 1
2012. 8	11 746. 26	20. 5	217 958. 07	20. 2
2012. 11	16 479. 23	19. 9	326 236. 17	20. 7

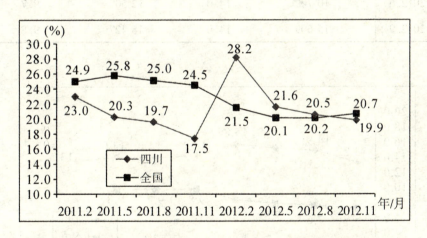

图7　四川省固定资产投资完成额增长率与全国的对比图

从城镇居民人均可支配收入来看，四川省一直低于全国平均水平，只相当于全国平均水平的85%左右。但最近两年来，增长率大大高于全国，这对四川省经济的高速发展和四川省消费者信心指数的持续走高应有不小的贡献。这既是劣势又是机遇——它显示出我省在经济发展和居民消费方面有较大的发展空间。见表

6、图8：

表6　　四川省城镇居民可支配收入增长与全国的对比情况

年度、月	四川		全国	
	城镇居民人均可支配收入（本月止累计,元）	同比增长（%）	城镇居民人均可支配收入（本月止累计,元）	同比增长（%）
2011.3	5055	13.2	5963	7.1
2011.6	9388	14.9	11 041	7.6
2011.9	13 697	15.3	16 301	7.8
2011.12	17 899	15.8	21 810	8.4
2012.3	5773	14.2	6796	9.8
2012.6	10 700	14.0	12 509	9.7
2012.9	15 609	14.0	18 427	9.8

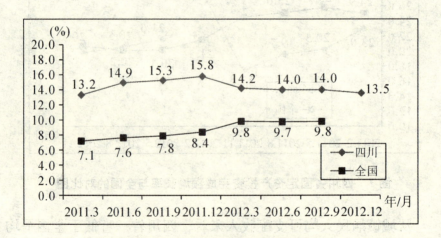

图8　四川省城镇人均可支配收入增长率与全国的对比情况

　　从四川省城镇居民人均消费支出与全国平均水平的对比可以看到：四川省和全国在该指标的走势上大致趋同。但与四川省地处内陆、城镇化水平和经济发展水平相对滞后，因此在该指标上还低于全国的平均水平。但这既是劣势又是机遇——它显示出我省在经济发展和居民消费方面有较大的发展空间。见表7：

表7　四川省城镇居民人均消费支出与全国的对比情况

年度、月	四川省城镇居民人均消费支出（元）	全国城镇居民人均消费支出（元）
2011.3	3464	3846
2011.6	3245	3472
2011.9	3526	3877
2011.12	3461	3965
2012.3	3834	4320
2012.6	3510	3874
2012.9	3751	4539

从农村居民人均现金收支来看，四川省农村居民的人均现金收入和人均现金支出都一直低于全国平均水平，但可喜的是，差距在逐步缩小。这一方面反映了我省农村大量外出打工的"农民工"为此所做出的贡献，也反映了近两年来我省开拓农村消费市场（如家电下乡）等工作是卓有成效的。见表8：

表8　四川省农村居民人均现金收支与全国的对比情况

年度、月	四川省农村居民		全国农村居民	
	人均现金收入（累计数,元）	人均现金支出（累计数,元）	人均现金收入（累计数,元）	人均现金支出（累计数,元）
2011.3	1888.7		2187.28	1889.32
2011.6	3509.8	3106.1	3706.33	3687.68

表8(续)

年度、月	四川省农村居民		全国农村居民	
	人均现金收入 （累计数,元）	人均现金支出 （累计数,元）	人均现金收入 （累计数,元）	人均现金支出 （累计数,元）
2011. 9	5345. 1	4727. 1	5875. 00	5469. 85
2011. 12	6128. 6	7641. 8	8638. 51	7984. 94
2012. 3	2314. 4	2016. 4	2559. 50	2221. 23
2012. 6	4298. 5	3629. 7	4303. 47	4283. 41
2012. 9	6216. 0		6778. 16	6212. 83

综上可见，2012 年，四川省委、省政府带领全省各族人民，深入贯彻科学发展观，牢牢把握"稳定增势、高位求进、加快发展"的工作基调，把稳增长放在突出位置，着力推进"两化"互动、统筹城乡、投资拉动、产业支撑，全省经济延续了近几年快速发展的好势头，呈现出经济发展、民生改善的良好局面。这在四川省消费者信心指数之上也得以体现。

五、四川消费者信心指数辅助指标指数

为了全面分析我省城乡居民对经济社会发展及民生改善的评价与预期，我们构建了消费者信心指数辅助指标，与消费者信心指数一并进行同步调研、编制和分析。见表9：

表9	四川消费者信心指数辅助指标							
	2011 年				2012 年			
	一季度	二季度	三季度	四季度	一季度	二季度	三季度	四季度
物价满意度	—	48.3	43.7	55.9	50.91	49.7	56.2	56.8
物价预期指数	57.9	69.2	60.2	80.9	73.5	74.4	73	73.8
购房满意度	—	76.1	70.8	78.1	81.2	83.9	91.5	90.2
购房预期指数	82.6	83.2	79.9	95.4	90.2	92.5	91.8	97.2
金融投资预期指数	30.5	40.9	51	28.5	46.3	32.5	45.3	21.3

（注：2011 年第一季度未对物价和购房的满意度进行调查。）

由表9可见，四川消费者对物价的满意度一直很低，调查中普遍感觉物价水平较高，这与近两年物价上涨过快有密切关系。对物价的预期略好于对当期物价的满意度，但仍然处于中值（100）之下，这表明消费者一方面相信政府对物价的调控会起到积极的影响，预期物价上涨势头会得到一定的控制，但对物价上涨仍然存在严重忧虑。所以，在当前国内外形势下，丝毫不能放松对通货膨胀的抑制，特别要防止食品类及输入性大宗商品价格涨幅过高。

2011 年第一季度以来，四川消费者的购房满意度和预期指数也都处于中值之下，但总体都呈现大幅回升态势，预期指数高于满意度且接近中值，这表明抑制房价上涨的一系列措施使消费者对当前和未来购房的评价和预期有了明显的上升。今年以来，国家对房地产调控力度不减，消费者购房满意度有所上升，但房价调控尚未实现预期目标；最近商品房成交量有所恢复，房价有

"止跌反弹"迹象，应当引起各级政府的高度重视。

　　本项调查开展以来，四川消费者的金融投资预期指数一直徘徊在极低的水平上，这两年中国股市持续下跌，投资者损失惨重，2012 年第四季度的调查时间是 11 月中旬，正值中国股市最低迷的时候，所以消费者对金融投资的信心也接近了"冰点"。

后　记

　　西财四川消费者信心指数的编制与发布，已经走过了整整两年八个季度的历程。编制与发布省级消费者信心指数，在全国尚属少有。满怀对四川城乡居民消费生活的深情关注，我们在借鉴国内外该指数编制经验的基础上，尝试推出了具有西南财大特色的四川消费者信心指数。力求准确把握与分析全川经济社会发展变化，准确体察与反映城乡居民的评价和诉求，并以期贡献于政府科学调控经济、企业明智投资经营决策、百姓增强扩大消费需求信心，这就是我们编制发布该项指数的宗旨。仅仅两年时间，我们不敢轻言已经实现了初衷，只求在调研、编制和发布的实践中，能够不断清晰地熟悉省情、表达实情、反映民情，并且不断总结与改进调研和编制工作，使之能更适用于实践需要，使该指数能不断趋于成熟。

　　我们深切感谢两年来全川接受该指数调查的近两万名城乡居民。你们热忱、认真地配合调查，以讲真话、讲实话的态度，既充分肯定经济发展和民生事业的进步，又满怀对更美好生活的期盼，这是保障指数编制质量的最重要的基础，同时我们也从中深受教益。深切感谢西南财经大学调查员队伍，学生调查访问员积极、执著，不惧困难地从事指数问卷调查，在实践中学习，两年来共提交了1.8万多份合格答卷，这既是真实编制指数的全部依据，也是学校和省消费研究会珍藏的可贵的民生资料。深切感谢省内外广大媒体的热忱采访、深度报道和积极宣传；各个媒体记者、编辑付出的辛劳，使四川居民的心声和期盼得以传之社会，扩大影响，持续积聚和激励创造更美好生活的正能量。深切感谢西南财经大学及中国工商银行四川省分行积极支持与资助指数的调研编制工作，这是该指数能够持续进行，不断提高编制质量的重要条件。深切感谢支持和关心指数编制的省政府领导、省政府研究室、省统计局、国家统计局四川调查总队、省社科联、省消费者权益保护委员会、国家社科规划办、教育部社科司及社会各界和西南财大领导和教师，你们的肯定、鼓励和建议，是激励我们更加精益求精、扎实工作的最可贵的动力。

最后，西财四川消费者信心指数研发中心全体同仁，两年来，无论是设计调查方案和问卷，组织指导调查队伍，还是筛选问卷、处理数据、撰写和研讨指数报告，始终精诚团结，求实敬业，付出了艰辛的劳动，共同感受了调研数据之苦与奉献社会之乐！愿我们能够在新的岁月里，紧跟国家和四川改革发展的新步伐，进一步完善指数指标，改进调研和编制方法，不断提高指数编制质量，更好地为全川人民努力实现建成全面小康社会目标做出新的贡献。

西财四川消费者信心指数（SCCI）研发中心
2013 年 1 月 20 日